8,95

La responsabilité du projet a été assumée par Robert Comeau, Richard Desrosiers, Stanley-Bréhaut Ryerson, historiens, et Céline Saint-Pierre, sociologue, tous professeurs à l'Université du Québec à Montréal.

Collaborateurs:

Évelyne Bissonnette
Michèle Comeau
Robert Comeau
Bernard Dansereau
Robert Demers
Serge Denis
Richard Desrosiers
Sylvie Hill
Diane Joannette

Denise Julien
Isabelle Lamarche
Jean-Marc Montagne
Édith Pariseau
Stanley-Bréhaut Ryerson
Céline Saint-Pierre
Claude Tousignant
Yves Vaillancourt

L'ACTION POLITIQUE
DES OUVRIERS QUÉBÉCOIS

(fin du XIXe siècle à 1919)

Recueil de documents

COLLECTION **HISTOIRE DES TRAVAILLEURS QUÉBÉCOIS**

Cette collection est publiée sous l'égide du
REGROUPEMENT DE CHERCHEURS EN HISTOIRE DES
TRAVAILLEURS QUÉBÉCOIS.

Comité de direction:

Stanley-Bréhaut Ryerson, directeur
Noël Bélanger
Richard Desrosiers
Jean Hamelin
Jacques Rouillard

L'ACTION POLITIQUE
DES OUVRIERS QUÉBÉCOIS

(fin du XIXe siècle à 1919)

Recueil de documents

par
le Groupe de chercheurs de
l'Université du Québec à Montréal
sur l'histoire des travailleurs québécois

1976
LES PRESSES DE L'UNIVERSITÉ DU QUÉBEC
C.P. 250, Succursale N, Montréal, Canada, H2X 3M4

LE PRÉSENT OUVRAGE A ÉTÉ PRODUIT EN COLLABORATION, GRÂCE À
DES SUBVENTIONS DU CONSEIL DES ARTS DU CANADA, DU MINISTÈRE
DE L'ÉDUCATION DU QUÉBEC ET DE L'UNIVERSITÉ DU QUÉBEC À MONTRÉAL.

La conception graphique de la couverture est de GEORGE JAHN.

TABLE DES MATIÈRES

AVANT-PROPOS

Le Groupe de chercheurs de l'Université du Québec à Montréal sur l'histoire des travailleurs québécois s'est constitué au printemps 1972. Il a participé à la fondation, vers ce même moment, d'un groupe de liaison interdisciplinaire unissant des chercheurs travaillant à Rimouski, Trois-Rivières, Chicoutimi, Québec, Montréal et Ottawa : le Regroupement de chercheurs en histoire des travailleurs québécois (RCHTQ). L'une des premières initiatives de ce Regroupement fut de lancer la Collection «Histoire des travailleurs québécois» des Presses de l'Université du Québec, dont le présent volume est le quatrième à paraître.

Notre Groupe de chercheurs s'est fixé comme tâche une première étude des mouvements ouvriers politiques au Québec (d'où le sobriquet, le «MOP»). On a commencé par un travail de repérage et de dépouillement des sources , la constitution d'une bibliographie et d'une chronologie pour la période, ainsi que la sélection d'un certain nombre de textes illustrant les premiers pas des travailleurs du Québec vers une action politique ouvrière autonome. La chronologie est publiée sous la forme d'un Cahier du RCHTQ. Le présent ouvrage comprend le Recueil des documents, des Annexes statistiques et explicatives, la Bibliographie, celle-ci précédée par une note où sont détaillés le principe de sélection et quelques-uns des problèmes confrontant les chercheurs dans le domaine des sources. Une introduction tente de situer à grands traits dans son contexte historique l'objet de nos recherches : le mouvement ouvrier québécois à l'heure de la mise en place des premiers éléments d'une organisation politique indépendante par rapport aux «vieux partis» bourgeois et petits-bourgeois. La période allant des années 1890 jusqu'à 1919 nous a semblé correspondre à cette étape plus ou moins précise. En amont, on peut déceler bien des signes avant-coureurs épars tout au long d'un demi-siècle qui conduit au présent. (Nous abordons actuellement le travail de déblaiement des années 1920 à 1940.)

Privilégiant nécessairement le mouvement syndical et les velléités d'expression politique autonome (Parti ouvrier, groupements socialistes), il nous a fallu, pour l'instant du moins, laisser de côté les organisations de cultivateurs aussi bien que les mutuelles et les coopératives. Elles ont pourtant leur place non négligeable dans l'histoire de l'ensemble des travailleurs.

Pour ce qui est de la présence de lacunes, d'imprécisions ou d'erreurs du présent travail, nous en sommes pleinement conscients : nous remercions d'avance les lecteurs qui nous aideront à les identifier.

Ce que nous avons surtout voulu faire est de mettre entre les mains de militants et de chercheurs des instruments de travail qui leur seront utiles.

INTRODUCTION

1. LES DÉBUTS DE L'ACTION POLITIQUE OUVRIÈRE

Le matériel que nous présentons dans les pages qui suivent comprend quelques-unes des données initiales d'un projet de recherche visant à cerner dans leurs grandes lignes les origines et le cheminement de l'action politique ouvrière au Québec depuis les années 1890 jusqu'au présent. Dans cette première étude nous abordons quelques-uns des éléments historiques qui nous permettent de repérer des pratiques politiques de la classe ouvrière, à partir desquelles il nous sera possible de cerner les questions clés que pose l'émergence d'une conscience et d'une expression organisée de la classe ouvrière au Québec. Depuis la fin de la «révolution tranquille», la question de l'organisation politique autonome des travailleurs a été au centre des débats dans les milieux syndicaux et dans les autres regroupements de travailleurs. L'existence actuelle d'un mouvement ouvrier numériquement fort, quoique profondément divisé, revêt d'une signification particulière cette question. L'interrogation que s'est posée notre groupe de chercheurs est celle-ci : est-ce que l'examen des débuts difficiles de la constitution au Québec d'un mouvement politique ouvrier peut éclaircir quelques-uns des problèmes contemporains ? Le rapport dialectique présent-passé peut-il jeter quelque lumière sur les processus d'une lente élaboration d'objectifs et de stratégies, sur le développement d'une conscience de classe politique des travailleurs ?

La période choisie ici (de la fin du XIXᵉ siècle à 1919) n'est pas celle des prodromes historiques de la présence ouvrière, mais plutôt l'étape marquée déjà par la mise sur pied des premiers partis ouvriers et par la diffusion initiale des idées socialistes au Québec. Certes, la «question ouvrière» s'était posée dès la phase initiale d'industrialisation ferroviaire du milieu du XIXᵉ siècle. La conférence d'Étienne Parent, «Considérations sur le sort des classes ouvrières» (1852), le «Discours sur l'ouvrier» de M. Colin, supérieur des sulpiciens (1869), en témoignent. Si les élites commencent à prendre connaissance du fait ouvrier, c'est surtout à cause des premières luttes revendicatives qui ont été la réplique ouvrière à l'offensive coalisée des patrons.

Le mouvement ouvrier, né de l'industrialisation, ne peut guère être saisi dans toute son évolution lente et difficile qu'à la lumière du caractère et des étapes du développement d'un rapport social fondamental qui est celui du capital/travail. Supposons que par «mouvement ouvrier» on entende la présence plus ou moins généralisée de luttes revendicatives de la part d'ouvriers à gages, ainsi que l'existence d'organisations (même éphémères ou de faible influence) qui expriment les aspirations des travailleurs en tant que groupe social[1].

On a constaté l'existence de ce phénomène embryonnaire dans les années 1830 et 1840 à Montréal et à Québec. Il y a ouvriers, il y a patrons. Ensemble ils sont une minorité infime au sein d'une société coloniale à prédominance agricole, société «traditionnelle» de petits producteurs individuels maniant des outils qui y correspondent. Mais dès le boom des premiers chemins de fer dans les années 1850 une impulsion est donnée aux entreprises que caractérise le rapport capital/travail, fondé sur les techniques de l'industrie mécanique. Le poids spécifique du capitalisme industriel à l'intérieur de la société globale va en augmentant. D'après le *Report of the Trade and Commerce of the City of Montreal for 1863*, préparé pour le Board of Trade par W. S. Patterson :

> The industrial enterprise of Montréal is perhaps as strikingly manifest in the Iron Works of various kinds in the city and vicinity, as in any other department of business. The short space of 8 or 10 years has afforded opportunity for large increase... There are now within the City limits 12 Founderies, and with each of these fitting and finishing shops are connected. There are also three Rolling Mills ; while since 1859 five Nail Factories have been established. The cotton factories at Hochelaga and Cornwall have greatly increased their facilities during the year[2].

Il ne s'agit pas là d'une «industrialisation hâtive». Il s'agit de l'émergence d'un mode de production, d'un processus qui, ne s'épanouissant qu'après 1870, n'en débute pas moins par une lente implantation, inégale, éparpillée, dans certains secteurs (transports, bois, biens de consommation), et dont les étapes engendrent le rapport, éventuellement dominant, qui est celui du capital/travail.

La phase initiale du développement du capitalisme industriel est marquée par la formation de coalitions de travailleurs qui revendiquent le droit d'association,

---

1.   Jean Bruhat, «Science historique et action militante», dans *la Pensée*, n° 160, p. 38.
2.   *Report of the Trade and Commerce of the City of Montreal for 1863*, p. 60, 99.

la réduction de la longueur de la journée de travail, la hausse de salaire et souvent même son maintien. En l'absence d'un mouvement syndical organisé, ces premières formes de résistance spontanée risquaient de se solder par des échecs.

Dès la fin du XVIIIe et au début du XIXe siècle, dans l'Amérique britannique mercantile, on retrace des témoignages qui rendent compte du caractère antagonique du rapport patron/ouvrier : la brève mutinerie de «voyageurs» de la Compagnie du Nord-Ouest au Lac de la pluie (1794) constitue à nos yeux un signe avant-coureur significatif[3].

De son côté, la classe dominante n'a pas hésité à recourir à l'État pour briser ces premières coalitions ouvrières : à preuve, la loi décrétée à Halifax dès 1816 dans le but de mettre fin à l'insubordination des ouvriers des chantiers maritimes regroupés en vue de revendiquer de meilleures conditions de travail.

Avec l'intervention de la troupe pour le «maintien de l'ordre» sur les lieux de travail du Canal Rideau dans les années 1820 et du Canal Welland un peu plus tard, le rôle de l'État comme appareil répressif au service des «contracteurs» se dessine assez nettement. L'affrontement de coalitions patronales et ouvrières dans le port de Québec dont fit état dès 1840 le journaliste démocrate Napoléon Aubin, répète en quelque sorte et sous une forme plus poussée, le conflit au cours duquel, un siècle plus tôt, sous le régime français, des constructeurs de navires sortirent en grève. Le correspondant au journal *le Canadien* qui le 30 juin 1848 pose timidement la question d'une représentation possible à l'Assemblée législative des «classes industrielles», signe «Un ouvrier». Il est du quartier Saint-Roch où sera tenté en 1852 le lancement d'un journal portant comme titre *l'Ouvrier*. La tentative échoue, mais ne faut-il pas y voir déjà l'affirmation d'une présence ouvrière qui laisse présager un éventuel mouvement organisé ? Ce sera à la suite des actions des travailleurs des chantiers maritimes à Québec (dès 1840), des grèves des terrassiers des canaux Lachine et Beauharnois (1843-1844), celles des charretiers du Grand-Tronc (1864) et des débardeurs de Québec (1865-1866), qu'on assistera à la formation, sous la direction de Médéric Lanctôt, de la Grande Association de protection des ouvriers du Canada[4]. Dans son ébauche de programme, cette association réunit des revendications socio-économiques et politiques. Dans son journal, *l'Unité nationale*, antifédéraliste, on décèle ce même souci d'en arriver à une synthèse du social et du national. Bien sûr, l'«association du capital et du travail» que préconisait Lanctôt supposait une égalité de classe fort illusoire : mais dans la mesure où elle semblait rejeter la subordination du travail au capital, son programme remettait en cause, quoique confusément, le

---

3. *The Journal of Duncan McGillivray of the North West Company at Fort George on the Saskatchewan, 1794-1795.* With introduction, notes and appendix by Arthur S. Morton, Toronto, 1929, p. 6.
4. Jean Hamelin, «Lanctôt, Médéric» dans *Dictionnaire biographique du Canada*, vol. X (de 1871 à 1880), Québec, PUL, 1972, p. 461-466. Richard Desrosiers et Denis Héroux, *le Travailleur québécois et le syndicalisme*, Montréal, PUQ, 1973.

principe même de l'industrie capitaliste. Au cours des débats sur la question de la durée de la journée de travail, c'est la polarité des intérêts patron/ouvrier qui est mise au premier plan, et la montée des mouvements revendicatifs pour la journée de neuf heures et de huit heures sous-tend la formation de centrales syndicales, de ligues, de clubs ouvriers à Montréal aussi bien qu'en Ontario.

La politisation du mouvement ouvrier s'amorce dans les années 1870, marquées par la formation ici et là de syndicats et par la lutte pour l'acquisition des libertés d'association. Celles-ci sont accordées en 1872 par le gouvernement fédéral à la suite de la grève des typographes ontariens, de l'arrestation de leurs dirigeants et de la manifestation d'appui de 10 000 travailleurs à Toronto. C'est aussi l'époque où des leaders syndicaux commencent à se présenter en politique sous la bannière d'un des deux partis traditionnels tout en présentant des projets de loi préparés par les centrales syndicales.

L'enquête de la Commission royale sur les relations du capital et du travail (1886-1888) est une première réponse aux mouvements de protestation que soulèvent les conditions de travail et d'existence des masses ouvrières lors de la nouvelle poussée d'industrialisation qui démarre vers 1880[5]. Les années 1880-1900 sont celles de l'essor des Chevaliers du travail[6] et des premières interventions parlementaires de la part de groupes ouvriers au Québec. Les candidatures ouvrières en 1883, les succès, en 1888 de Lépine au fédéral, en 1890 de Béland au provincial, sont les précurseurs de la formation à Montréal d'un parti ouvrier[7].

Cette période, dite «lib-lab» ou «tory-lab», est marquée par les candidatures «ouvrières» : H. B. Whitton, typographe conservateur élu au fédéral dès 1872, D. J. Donoghue, candidat conservateur, puis libéral, élu au provincial en Ontario, en 1874, A. Gravel défait en 1883, A. T. Lépine, typographe, député conservateur au fédéral. L'initiative politique ouvrière sera partiellement récupérée par l'un ou l'autre des partis bourgeois. La tentative patronale d'intégrer les travailleurs au système électoral bipartite va à l'encontre des efforts répétés du militantisme ouvrier pour se dépêtrer de l'emprise socio-politique étouffante du «système» en place. L'assimilation de leaders syndicaux aux partis traditionnels, à leur «machine» politique, est souvent suivie de récompenses pour services rendus, sous la forme de postes dans l'administration gouvernementale. Les visées «subversives» de ceux qui voulaient remettre en cause l'ordre établi ont été neutralisées très souvent par les

---

5. Fernand Harvey, *la Commission royale d'enquête sur les relations du capital et du travail — 1886-1889*, thèse de doctorat, Université Laval.
6. *Id.*, «les Chevaliers du travail, les États-Unis et la société québécoise (1882-1902)», dans F. Harvey, éd., *Aspects historiques du mouvement ouvrier au Québec*, Montréal, Editions du Boréal Express, 1973, p. 33-188. Voir le document n° 1.
7. Jacques Rouillard, «l'Action politique ouvrière 1899-1915», dans *Idéologies au Canada français 1900-1929*, Québec, PUL, 1974, p. 267-312.

pratiques réformistes bourgeoises ou petites-bourgeoises dans les années qui ont suivi la Confédération canadienne.

Ce type de liens, d'accommodement entre leaders ouvriers et partis traditionnels, se trouvera pendant longtemps à la base des divisions internes au sein du mouvement ouvrier. C'est l'expression d'un opportunisme qui retardera l'éclosion d'une conscience de classe ouvrière.

2. LE MOUVEMENT OUVRIER DANS LE CONTEXTE POLITIQUE CANADIEN

Au Québec, le mouvement ouvrier naissant s'insère dans un cadre étatique particulier. La formation socio-économique de la «société industrielle» (capitaliste) s'étant implantée au XIXe siècle à l'échelle canadienne, il y a recoupement plutôt que coïncidence des frontières ethno-linguistiques, culturelles-nationales avec celles de l'aire de l'industrialisation concentrée. La communauté nationale des Québécois francophones «partage» (de façon assez particulière) avec le Canada anglais une structure sociale capitaliste. Avec dominance du grand capital aux mains des milieux d'affaires anglophones, il y a entrelacement incessant, complexe, mouvant, du national et du social. À l'intérieur de cette formation socio-économique se développent, de façon inégale, à des rythmes différents, un capitalisme anglo-canadien qui domine l'ensemble de l'économie québécoise, et un secteur minoritaire où règnent quelques capitalistes «canadiens-français». La coalition des grands patrons, tel un Victor Hudon, magnat du textile à Hochelaga, un Andrew Gault, homologue du premier à Valleyfield, traduit une communauté d'intérêts de classe[8]. Face au grand capital, les ouvriers à gages, les petits salariés, recherchent en tâtonnant des formes de coalition à eux, leur permettant de tenir tête à la bourgeoisie. C'est ce qui inspire le vœu d'union, de solidarité, chez un nombre croissant de travailleurs.

Dès les premiers conflits industriels, on constate que le clivage ethnique se confond souvent avec le clivage socio-économique (patrons/ouvriers). Par ailleurs, la classe ouvrière elle-même se caractérise par une diversité interne : d'une part, un prolétariat immigré, irlandais d'origine surtout, ainsi que des ouvriers qualifiés anglo-écossais (mécaniciens et autres) ; d'autre part, une population de travailleurs francophones tirés de la campagne, de la petite production artisanale, se constituant lentement, dans les industries du textile, de la chaussure, du tabac. Cette double présence se retrouvera dans l'industrie forestière, à la «drave», ainsi que parmi les débardeurs et les ouvriers des chantiers navals. Le mouvement des neuf heures, les

---

8. Que fait-on avec les profits accumulés, ceux qu'on ne réinvestit pas ? M. Andrew Gault a légué aux gradués de l'Université McGill sa «possession la plus précieuse» : le Mont Saint-Hilaire. On peut le lire (en anglais, bien sûr!) sur une plaque commémorative située au bord du petit lac (privé) qui se trouve au milieu du boisé au sommet de la montagne. Les conditions de famine de ses travailleurs du moulin de coton à Valleyfield expliquent en bonne partie le geste olympien qu'a pu se permettre leur patron.

premiers syndicats et groupements politiques ouvriers, porteront tous l'empreinte de ce caractère ethnique diversifié, que l'immigration subséquente d'Europe contribuera à accentuer. De plus, le mouvement ouvrier ne saurait faire abstraction de la charpente étatique fédérale-provinciale.

Pour évaluer la complexité du contexte politique Canada/Québec, il faut tenir compte de deux autres réseaux économico-politiques : l'un, ancien, est celui de l'Empire britannique, dont les guerres en 1899-1901 et 1914-1918 impliqueront pour le Canada des crises successives ; l'autre est celui où s'inscrivent les rapports impérialistes entre les États-Unis, le Canada et le Québec. C'est sur cette toile de fond que se déroulent les développements saillants, tant socio-économiques que politiques, du mouvement ouvrier au Québec au XXe siècle.

3. QUELQUES ÉLÉMENTS DE LA CONJONCTURE POLITIQUE ET ÉCONOMIQUE

L'émergence de mouvements politiques ouvriers vers la fin du XIXe siècle et au début du XXe siècle est à signaler à l'échelle canadienne aussi bien que québécoise. De la Nouvelle-Écosse à la Colombie britannique certains facteurs communs sous-tendent des diversités régionales fort prononcées. Parmi ceux-ci on peut citer :
— Un nouvel essor d'industrialisation dans les années 1880 et 1890 fait suite aux premiers débuts qui accompagnèrent le boom ferroviaire, et qu'avait interrompu la crise économique de 1873 et la dépression subséquente.
— L'immigration massive à partir de 1896 élargit le marché du travail tout en peuplant les prairies de l'Ouest canadien.
— La formation de trusts et de cartels prélude à une phase de concentration monopoliste (1910-1912 en particulier), dont l'une des conséquences est l'exacerbation des rapports entre le grand capital et les travailleurs. (Ce processus amorcé avec les grandes agglomérations ferroviaires s'accompagna de mouvements grévistes de la part des cheminots, des mineurs et des travailleurs du vêtement, et des premières interventions législatives d'Ottawa, comme la loi Lemieux de 1906.)
— L'extension de l'organisation syndicale à l'échelle canadienne dont les caractéristiques sont : la mainmise des unions internationales (américaines) sur le Congrès des métiers et du travail du Canada au début du siècle aux dépens des syndicats canadiens, l'expulsion des Chevaliers du travail du CMTC (1902), le faible développement de la Fédération canadienne du travail, et au Québec, en réaction également contre le syndicalisme international, la mise sur pied, surtout en dehors de Montréal, d'un mouvement syndical catholique.
— L'imbrication du Dominion aux appareils tant militaires que commerciaux de l'Empire fait que le tournant du siècle est marqué par la participation à la guerre contre les Boers, alors que la première décennie du XXe siècle est celle des débats autour du «bill naval» et de la course aux armements, prélude à la guerre mondiale impérialiste de 1914-1918.

— Dans l'opposition à la guerre et à la conscription se dessinent des éléments de convergence du mouvement ouvrier canadien et du mouvement nationaliste québécois.

— Mais dans l'opposition à la guerre se dessine également une profonde division à l'intérieur du mouvement ouvrier canadien : les éléments plus radicaux, majoritairement socialistes et concentrés dans les provinces de l'Ouest, qui n'auront pas réussi à faire endosser par le CMTC leurs moyens de lutte à la conscription, se manifesteront avec la fin de la guerre, à la suite de la révolution russe en créant la «One Big Union», et par l'organisation de la grève générale de Winnipeg qui aura des répercussions dans tout le Canada.

— Le contexte ambiant ainsi que l'influence directe du mouvement ouvrier international joue un rôle de catalyseur dans la formation de groupements politiques ouvriers au Canada et au Québec. La fondation de l'Internationale ouvrière et socialiste en 1889, l'influence croissante de partis socialistes de masse (France, Allemagne), l'impact des manifestations du 1er mai, expression de l'esprit internationaliste des classes ouvrières de maints pays, et enfin le contact direct avec les porte-parole et militants socialistes, surtout britanniques (visite de Keir Hardie) et américains (visites et rapports plus ou moins soutenus avec Eugène Debs, De Leon, Haywood), la tournée au Canada d'Emma Goldman (anarchiste), sont autant d'indications de la perméabilité des groupements d'ici aux influences internationalistes.

— À Montréal la fondation d'un parti ouvrier en 1899 en prolongement de l'action syndicale et la constitution des premiers groupements socialistes en contact avec les organisations socialistes canadiennes et américaines.

— Enfin les prises de position de plus en plus fréquentes de ces groupements sur des questions socio-politiques telles que l'instruction publique, le statut de la femme, les affaires municipales, provinciales et fédérales.

Le processus d'industrialisation au Canada et au Québec avait été amorcé dans les années 1850 avec le premier boom de la construction des chemins de fer et s'était poursuivi de façon continue, quoique au ralenti, à cause de la contraction du marché des capitaux consécutive à la grande dépression des années 1873-1878. Cette crise amorça un long mouvement de baisse des prix dans l'ensemble des pays du monde occidental jusqu'en 1896. Cependant, la révolution des transports et les modifications structurelles de l'agriculture québécoise (spécialisation dans l'industrie laitière, commercialisation, accroissement des revenus des agriculteurs) ont stimulé la croissance économique, malgré les fluctuations économiques, en particulier la crise de 1894-1896 qui a eu un impact important dans l'émergence du mouvement politique ouvrier québécois. Entre 1897 et 1920 l'économie canadienne connaît un rythme de croissance d'une intensité sans précédent dans son histoire.

Certains économistes, tel André Raynauld, décrivent cette phase de l'économie canadienne en termes de «décollage», d'autres, tels W. F. Ryan, W. T. Easterbrook, A. Faucher et M. Lamontagne, la décriront comme celle d'une simple accélération du rythme d'expansion économique. Cependant, tous admettent que le Québec a participé à cette croissance soutenue qui s'est poursuivie jusqu'en 1929, alors que le marché québécois s'est intégré davantage à celui des États-Unis et de l'Ouest canadien.

Entre 1897 et 1914 le Canada connaît une vague massive d'immigration qui permet l'ouverture de l'Ouest et l'exportation de denrées agricoles et de viande en Angleterre. Ce boom de l'Ouest contribue largement au développement des industries manufacturières au Québec et en Ontario.

Parmi les statistiques qui illustrent de façon éloquente l'intensité de la croissance économique du Québec, retenons celles de la valeur de la production brute des industries manufacturières qui passe de 158 millions à 730 millions (en dollars courants) entre 1901 et 1921. Évaluée à $1 435 per capita de la population active en 1900, cette production atteint $5 830 en 1920. Pour les industries minières, la valeur de la production brute (en dollars courants), passe de $2 987 731 à $15 522 988 entre 1901 et 1921.

Si le Québec continue à développer une industrie légère à forte intensité de main-d'œuvre (textiles, tabac, etc.), apparaissent depuis la fin du XIXe siècle de nouvelles industries basées sur l'exploitation des richesses naturelles : hydro-électricité, pâtes et papier, électro-métallurgie et mines. La production d'électricité sur une grande échelle n'est apparue qu'à la fin du XIXe siècle. Le Québec entre dans l'ère de l'électricité à peu près en même temps que les États-Unis : le premier grand barrage est construit à Shawinigan en 1898. C'est le capital et la technologie américaine qui vont mettre en valeur le potentiel énergétique du Québec. Les industries du secteur de l'électricité tendront au monopole, au moins régional. Des géants se partageront les diverses régions : la Shawinigan Water & Power, de loin le plus grand producteur, contrôlera la Mauricie et une partie de la rive sud du Saint-Laurent. Elle fournit aussi à la Montreal Light, Heat and Power, compagnie de distribution qui s'accapare le marché de Montréal ; la Gatineau Power s'étend dans la vallée de l'Outaouais et une partie des Laurentides, la Southern Canada Power dans l'Estrie. Certaines de ces entreprises joueront un rôle important dans l'industrialisation du Québec ; en recherchant des débouchés pour leur surplus d'électricité, elles attireront ici les entreprises qui en feront un grand usage comme l'aluminium et l'industrie chimique.

Le secteur des pâtes et papier deviendra le pôle de croissance le plus dynamique au début du XXe siècle. Le développement de cette industrie est lié au développement de la demande américaine de papier journal qui connaît une très forte hausse au début du XXe siècle avec l'augmentation du volume des journaux, du tirage. Suite aux très forts investissements orientés dans ce secteur entre 1915 et 1925, cette industrie devra subir une crise de surproduction qui entraînera la disparition de plusieurs moulins et la formation de deux grands empires : la Canadian

International Paper domine le secteur des intérêts américains et la Consolidated Bathurst, celui des intérêts canadiens-anglais.

Dans le secteur de l'électro-métallurgie, l'aluminium vient au premier rang. Les premières installations sont ouvertes dès le début du siècle. Une nouvelle étape sera franchie vers 1925 avec l'installation de l'Aluminum Company of Canada au Saguenay. La première guerre mondiale assurera, par ailleurs, une expansion considérable à l'industrie chimique.

L'industrie minière se développe assez tardivement au Québec. En 1911 elle n'emploie encore que 6 000 hommes soit moins de 1 % de la force ouvrière. Au début du XXe siècle, les activités dans ce secteur se résument à l'extraction de matériaux de construction (carrières de pierre, sable) et de l'amiante, industrie encore très instable pendant les premières décennies du siècle.

Ces nouvelles industries, qui viennent s'implanter à proximité des sources de matières premières et d'énergie électrique, contrairement aux entreprises manufacturières légères qui recherchaient d'abord la proximité de la main-d'œuvre et des marchés, transforment le réseau urbain existant. Par ailleurs les industries manufacturières au XXe siècle seront de plus en plus localisées dans la région de Montréal qui assure en 1900, 45 % de la production manufacturière québécoise, et, en 1929, plus de 63 %.

Les industries liées aux richesses naturelles vont exiger la construction d'unités de production de dimensions plus vastes et des investissements considérables. Les capitaux et la technologie proviendront de l'extérieur.

De 1900 à 1910 les investissements étrangers au Canada doublent pour atteindre environ $2 500 000 000, puis ils doublent de nouveau de 1910 à 1920. D'origine britannique à 85% et américaine à 14% en 1900, ces capitaux viendront de plus en plus massivement des États-Unis après la première guerre. Ils domineront plusieurs secteurs, en particulier les pâtes et papier, les textiles, l'amiante et l'industrie chimique.

En 1920, au Canada les capitaux proviennent encore dans une proportion de 53 % de l'Angleterre et 44 % des États-Unis. Au Québec, dès 1915 les investissements américains représentent plus du tiers de tous les investissements étrangers alors que pour l'ensemble du Canada ils en représentent moins du quart.

En termes d'investissements directs, la vitesse de pénétration du capital américain au Canada est impressionnante : la moyenne annuelle de l'accroissement des compagnies canadiennes contrôlées par les Américains qui était de 4 % avant 1900, passe à 11 % de 1900 à 1909, et ce pourcentage double pour la période de 1910 à 1919.

Sur le plan des échanges extérieurs, la domination de l'économie américaine sur l'économie canadienne apparaît aussi clairement : dès 1901 les États-Unis fournissent environ 60 % de toutes les importations canadiennes et en 1921 cette proportion est passée à 70 %. Exportateur de produits alimentaires (blé, farine, viande) qui occasionnent le «boom de l'Ouest», de produits faiblement transformés (pâtes et papier) et de matières premières (produits miniers non ferreux, et non métalliques surtout), le Canada est durant toute cette période un gros importateur de biens d'équipement et de produits finis.

Durant cette période d'intégration de la structure industrielle du Canada à celle des États-Unis, intégration qui deviendra déterminante entre autres pour l'économie québécoise, le nombre de travailleurs salariés urbains canadiens augmente dans des proportions considérables en suivant d'assez près le taux de la population urbaine, qui, pour la période 1900-1920, passe de 38% à 50%. Au Québec, entre 1901 et 1921 la population totale passe de 1 648 898 à 2 360 510 à cause d'un taux de naissance très élevé jusqu'au début de la guerre et du ralentissement de l'émigration aux États-Unis. La population active québécoise passe de 512 026 à 777 445 pendant cette même période. La croissance économique se traduit par une urbanisation accélérée du Québec : d'environ 40% en 1901, le taux d'urbanisation atteint 56% en 1921. La population de Montréal croit pour sa part de 20% : elle passe de 267 730 à 618 506.

La population active du secteur primaire continue d'augmenter malgré la modernisation de l'agriculture, à cause de l'augmentation des travailleurs forestiers et miniers et le maintien des zones de colonisation. Ses effectifs passent de 247 000 à 328 000 en 1921. Ce secteur demeure le plus important durant toute la période, représentant 48 % en 1901 et 42 % en 1921.

Le secteur secondaire voit son importance relative baisser légèrement de 25.2 % en 1901 à 21.8 % en 1921, malgré une augmentation considérable de la production et une augmentation de ses effectifs en chiffres absolus de 129 000 (en 1901) à 170 000 (en 1921). Le secteur tertiaire voit ses effectifs passer de 135 000 à 280 000 durant la même période, représentant respectivement 26.5 % et 35.8 % de la main-d'œuvre active.

4. ORGANISATIONS ET IDÉOLOGIES SOCIALISTES

Sous sa forme «utopique», l'idée socialiste fait son apparition à une échelle minuscule avec la tentative de fonder en 1828 sur les rives du lac Huron une petite colonie d'adhérents de Robert Owen. Ce geste communautaire n'eut pas de suite. Une quinzaine d'années plus tard le chartiste écossais Thomas MacQueen, immigré au Canada-Ouest (l'ancien Haut-Canada, futur sud de l'Ontario), rédacteur de journal dans la vallée de l'Outaouais d'abord, ensuite à Goderich sur le lac Huron, se fera le porte-parole d'un démocratisme radical, pacifiste, défenseur de revendications populaires. Ces précurseurs préparent un terrain propice à la diffusion des idées socialistes qui suivront l'apparition de la machine à vapeur, du chemin de fer, de l'usine. Le machinisme du XXᵉ siècle traduit non seulement la mise en place d'une nouvelle technologie, mais également l'émergence d'un nouveau rapport social. L'industrie capitaliste implantée dans les colonies de peuplement britannique finit par provoquer la résistance spontanée des exploités. Une réflexion critique sur les nouveaux rapports de travail, de production sociale, de propriété, et sur la distribution combien inégale des biens matériels, prépare le terrain à l'apparition des premiers éléments d'une conscience politique prolétarienne.

Faisant suite aux premiers essais d'action politique parlementaire des années 1870 à 1880, ainsi qu'aux mouvements revendicatifs autour de la journée de travail, on assiste vers 1890 aux débuts de l'organisation socialiste. En Ontario s'organise dès 1894 une section torontoise du Socialist Labor Party fondé aux États-Unis en 1877, et dont le dirigeant est Daniel De Leon[9]. Très rapidement ce parti établit d'autres sections à Hamilton, London, Brantford, Ottawa, Halifax, Winnipeg, Vancouver ; à Montréal il publie à l'occasion du 1er mai 1895, le texte français d'un manifeste-programme[10]. Le SLP édite trois journaux : à Halifax, *Cause of Labor* ; à Brantford, Ontario, *Better Times* ; à Montréal, *Commonwealth*. Se consacrant essentiellement au travail de propagande, méfiant sinon hostile à l'égard des syndicats, le parti ne compte plus en 1901 que quatre sections au Canada et qu'un journal, *Cause of Labor*.

Vers la fin du XIXe siècle on fonde des «ligues socialistes» : issues de groupes réformistes fort actifs, elles prônent un socialisme d'inspiration chrétienne. Collaborant avec les syndicats, poussant leurs membres à se syndiquer, les ligues recrutent aussi quelques éléments radicaux du clergé protestant anglo-canadien. Elles font surtout un travail d'éducation. En 1899, une cinquantaine de ces ligues se regoupent sous le nom de Canadian Socialist League. En Colombie britannique les sections de la ligue se fusionnent avec les militants SLP pour former le Socialist Party of British Columbia. Deux ans plus tard, en 1903, pour la première fois au Canada, les travailleurs de la Colombie britannique font élire deux députés socialistes au Parlement provincial. Cette victoire entraîne le passage du leadership du mouvement socialiste canadien de Toronto à Vancouver. Lors de son quatrième Congrès le SP of B. C., à la demande de socialistes du Manitoba, devient le Parti socialiste du Canada (1904). Son journal, le *Western Clarion*, sera diffusé à la grandeur du pays. Très vite, le parti compte des sections en Ontario, au Québec, au Manitoba, tout en maintenant à Vancouver sa direction centrale. Dès lors il existe à l'échelle canadienne une organisation politique à caractère socialiste.

La critique «radicale» à l'égard du syndicalisme et du parlementarisme que développe le PSC aboutit à un abstentionnisme sectaire : absence de tout soutien aux mouvements de grève, refus de participation aux élections municipales, considérées comme une diversion, condamnation de formations socialistes anglaises et américaines, jugées réformistes, refus de s'affilier à la 2e Internationale. À partir de

---

9. Martin Robin, *Radical politics and Canadian Labour. 1880-1930*, Kingston, Queen's University Industrial Relations Centre, 1968, chap. VII, p. 92-103.
10. Voir le document n° 2.

1907-1911, les oppositions se cristallisent au sein du parti. À partir de Vancouver, de Winnipeg et de Toronto se forment des éléments d'un nouveau groupement politique : le Parti social-démocrate. Ils reprochent au PSC son anti-syndicalisme, son boycottage des élections municipales et autres, son rejet de l'affiliation à l'Internationale socialiste. C'est en décembre 1911, à Port Arthur, Ontario, que les délégués de locaux exclus du PSC fondent le Parti social-démocrate du Canada. Son programme marque un retour aux revendications immédiates, à l'appui de l'action syndicale et l'affiliation au mouvement ouvrier international. Dès 1913, avec 3 500 membres, le PSD dépasse les effectifs du PSC ; l'année suivante il compte 82 locaux en Ontario, 46 en Colombie britannique, 45 en Alberta, 20 en Saskatchewan, 28 au Manitoba, et 8 au Québec.

La plupart des membres du PSD sont des ouvriers immigrés d'Europe, influencés soit par le succès de la social-démocratie, soit par les expériences vécues de luttes militantes et de répression gouvernementale, surtout dans les pays de l'Europe centrale et orientale. C'est le cas aussi, dans les formations analogues, aux États-Unis. Le PSC cependant, est composé en bonne partie d'anglophones. Alors même que se forme le PSD, un autre groupe plus nettement de gauche se détache du PSC à Toronto pour fonder le Revolutionary Socialist Party of North America. Opposé à la «collaboration de classes» jugée opportuniste, le groupement se donne pour tâche de diffuser le marxisme : ses membres doivent maîtriser et propager les concepts fondamentaux du matérialisme historique. Plusieurs de ses membres dont Tim Buck, se retrouveront parmi les fondateurs du Parti communiste en 1919-1921.

La conjoncture de la guerre de 1914-1918 aura pour effet de transformer les données de la situation du mouvement ouvrier canadien. D'une part, les autorités gouvernementales effectuent une intégration des dirigeants syndicaux de droite à l'appareil de «l'effort de guerre» : y concourent le chauvinisme britannique, les exigences de la production de munitions, les pressions coercitives. D'autre part, un certain nombre de socialistes s'opposent à toute participation à la guerre «pour l'Empire» : ils seront la cible de la loi des mesures de guerre.

Le débat autour de la conscription, à partir de 1916, engendre pour la première fois au Canada une velléité de convergence politique de trois forces oppositionnistes d'envergure : le mouvement des fermiers de l'Ouest, la mobilisation d'une masse importante de travailleurs syndiqués et non syndiqués, et la résistance nationale, anti-impérialiste, du Québec francophone[11].

---

11. Elizabeth Armstrong, dans *The Crisis of Quebec 1914-1918* (Toronto, McClelland and Stewart, «Carleton Library» n° 74, 1974) fait allusion à *«the very vehement opposition to conscription... prevalent among farmers, not only in Quebec, but also in Ontario»* ; et constate : *«It is not without significance... that active opposition to the war began and was most notable... among the young industrial population of Montreal.»* p. 133, 239.

Le Congrès des métiers et du travail du Canada, malgré ses réserves antérieures, cède à la pression anti-conscriptionniste : son congrès annuel tenu en septembre 1917 vote la mise sur pied d'un parti ouvrier à l'échelle canadienne destiné à combattre de façon légale la loi de conscription[12]. Dans la mesure où le souci des dirigeants était de «contenir» les mouvements de masse au profit du réformisme, la tactique a porté fruits. La dissension règne parmi les quatre cents délégués qui participent au congrès de fondation de la section ontarienne du POC (mars 1918). La gauche n'accepte pas de s'affilier à un parti de type «travailliste». Les tenants de l'orientation vers la lutte de classe viennent d'ailleurs de recevoir une impulsion nouvelle et puissante : la révolution d'octobre de 1917. Ainsi, le Parti social-démocrate du Manitoba vote une résolution félicitant les sociaux-démocrates russes du renversement de la classe capitaliste dans leur pays. Il fait appel en faveur d'une fusion, au Canada, des partis socialistes et sociaux-démocrates sur la base d'un programme marxiste. À Toronto, les sociaux-démocrates discutent un projet de formation d'un nouveau parti révolutionnaire, communiste. Lors d'une réunion initiale en février 1919, la police fait irruption et arrête les participants. Le 1er mai 1919, un premier tract signé par «Le Comité exécutif central du Parti communiste du Canada» est diffusé à Montréal ainsi que dans plusieurs autres villes canadiennes[13].

La création à Moscou en mars 1919, de la IIIe Internationale (communiste) stimule les efforts des militants de gauche des trois partis socialistes au Canada (PSC, PSD, RSPNA) en vue d'une fusion éventuelle. Ces efforts se poursuivront jusqu'à la fondation dans la clandestinité, d'un parti communiste canadien (juin 1921).

L'émergence d'un courant de gauche s'affirme pendant les années de fin de guerre et de retour à la paix, au sein du mouvement syndical. Les efforts maintes fois entrepris en vue de faire accepter par le CMTC l'affiliation de groupements socialistes s'étaient soldés chaque fois par un échec. Mais la montée du militantisme ouvrier, renforcée par les expériences de la lutte anti-conscriptionniste et intensifiée par les conditions économiques de la démobilisation militaire, se traduit en 1919 par la Western Labor Conference et ensuite par une vague d'actions grévistes dont la grève générale de Winnipeg. Les structures traditionnelles, l'immobilisme bureaucratique des chefs réformistes s'en trouvent rudement ébranlés.

La tendance anarcho-syndicaliste était née des durs conflits de mineurs de l'Ouest nord-américain. La Western Federation of Miners, précurseur de la Mine Mill & Smelter Workers' Union avec son programme anti-capitaliste, l'Industrial Workers of the World, qui avait percé en Colombie britannique dès 1906, prônaient le remplacement des syndicats de métiers (craft unions) par des syndicats à l'échelle des industries, l'abandon de la collaboration de classe, la démocratisation et l'unification des organisations de travailleurs. Les syndicalistes de gauche, adhérents de l'un ou

---

12. Voir les documents nos 25 et 26.
13. Voir le document no 34.

l'autre des groupes socialistes en viennent à convoquer à Calgary en mars 1919, une «Western Labor Conference»[14] : rassemblement ayant pour but de préparer une action commune des syndicats de l'Ouest lors du prochain congrès du CMTC en faveur d'un syndicalisme industriel. La conférence de Calgary (mars 1919) adopte une résolution en faveur de l'abolition du système de production capitaliste, basé sur le profit, et son remplacement par un système fondé sur les besoins des masses. Condamnant les syndicats de métiers, ainsi que la politique parlementaire et électoraliste, les délégués réclament le groupement industriel et unitaire («One Big Union»), ainsi que le recours à l'action directe, allant jusqu'à la grève générale comme moyen de renverser le système au pouvoir. On exprime une salutation fraternelle à l'adresse du nouveau gouvernement soviétique et l'on fait campagne pour faire cesser l'envoi de munitions aux troupes stationnées en Russie, allant jusqu'à exiger le retrait des forces interventionnistes qui s'y trouvaient.

La grève générale de Winnipeg (mai 1919) marqua le point culminant de la vague de militantisme ouvrier qui suivit la guerre. Son impact se fit sentir chez les travailleurs à travers le pays, suscitant parmi les gouvernants canadiens un sentiment de panique. L'article 98 du code criminel, particulièrement répressif, adopté sur l'initiative de J. P. Morgan et les intérêts de Wall Street, donna le signal à une vague d'arrestations et de déportations de militants, une fois la grève brisée.

La tentative de lancement de la «One Big Union», qui a eu des échos jusqu'à Montréal[15] où Michael Buhay s'en fit le propagateur, tourna court. La plupart de ses dirigeants réintégraient les syndicats de métiers afin d'y poursuivre la propagande en faveur du syndicalisme industriel et unitaire. Dès lors, la tendance anarcho-syndicaliste s'efface au sein du mouvement ouvrier canadien.

5. LE MOUVEMENT SYNDICAL ET L'ACTION POLITIQUE OUVRIÈRE

Au Canada, comme aux États-Unis et en Europe occidentale, on constate une croissance remarquable des effectifs syndicaux. Au Canada de 1900 à 1920, le nombre de syndiqués est multiplié par six, passant de 50 000 à 300 000. Au Québec la progression est encore plus rapide : pour la même période le nombre de syndiqués passe d'environ 8 000 à 80 000. En 1920, les 80 000 syndiqués québécois se répartissent à peu près comme suit : 55 000 pour les unions internationales, 5 000 pour les unions nationales et indépendantes et 20 000 pour les unions nationales catholiques. Mis à part les cinq dernières années pendant lesquelles le syndicalisme catholique connaît une certaine expansion, c'est le syndicalisme international qui profite le plus de ces progrès. Jusqu'en 1890, les syndicats internationaux, établis au Canada depuis 1860, ont suivi, quant à leur nombre et à leur dimension, une évolution semblable à celle des syndicats nationaux canadiens.

---

14. Voir Martin Robin, *op. cit.*, chap. XI : «The Western Revolt : 1919», p. 160, 177.
15. Alain Sylverman, «The Quebec Working Class Movement and the Winnipeg General Strike», texte ronéotypé, avril 1974 (à paraître).

Regroupés aux États-Unis depuis 1881 sous le nom de Federation of Organized Trades and Labor Unions of the United States and Canada, puis à partir de décembre 1886 sous celui de American Federation of Labor, les syndicats internationaux avaient respecté jusqu'à cette date l'autonomie du mouvement syndical canadien.

De son côté le mouvement syndical canadien, qui avait donné naissance en septembre 1886 au Congrès des métiers et du travail du Canada, admettait dans ses rangs aussi bien les locaux canadiens des syndicats internationaux que les syndicats proprement canadiens et les assemblées des Chevaliers du travail. À partir de 1894, cependant, les syndicats internationaux s'implantent beaucoup plus rapidement et pourront ainsi s'assurer le contrôle du CMTC. Ils combattent alors les tentatives répétées depuis 1894 par les Chevaliers du travail du Canada de faire du congrès une véritable centrale canadienne.

Lorsque les Chevaliers du travail ont voulu réunir dans un même conseil tous les ouvriers organisés de Montréal et ont créé à cet effet en février 1886 le Conseil central des métiers et du travail (CCMT) ils se sont alliés les syndicats internationaux.

Ce Conseil central groupa jusqu'en 1897 la très grande majorité des unions de métier et des assemblées de Chevaliers du travail de Montréal. Cette alliance fut toujours assez précaire.

Les deux mouvements, ne partageant pas la même idéologie et divergeant quant aux méthodes d'action, en particulier quant au type d'action politique que devait défendre le conseil, se sont souvent affrontés. Le CMTC, selon l'historien Logan, aurait longtemps joué un rôle de modérateur entre les représentants des Chevaliers du travail et ceux des unions internationales. Pour le CMTC, ces deux formules d'action syndicale n'étaient pas incompatibles.

Les Chevaliers du travail[16], implantés à Montréal plus tôt que les unions internationales, ont dominé le CCMT. La constitution du conseil privilégiait la représentation des Chevaliers. Ce n'est que vers 1894 lorsque le syndicalisme international s'implante définitivement dans la métropole, et dans l'ensemble du pays, que la lutte entre les deux mouvements prend toute son ampleur.

Entre 1894 et 1902, la vieille guerre entre ces deux factions, commencée dix ans plus tôt aux États-Unis, s'intensifie au Canada.

À Montréal, quatre syndicats internationaux rompent avec le Conseil central des métiers et du travail, et créent leur propre organisation en avril 1897, le Conseil des métiers fédérés (CME). Ce nouveau conseil, qui signifie la fin de l'alliance entre l'Ordre et les Unions des métiers, est dû en grande partie à la difficulté de ces dernières à imposer leur orientation syndicale aux Chevaliers du travail. Donc, à partir de 1897, deux organisations syndicales affiliées au Congrès des métiers et du travail du Canada existent à Montréal : le CMF et le CCMT.

---

16. Jacques Martin, *les Chevaliers du travail et le syndicalisme international à Montréal*, thèse de M. A. (relations industrielles), Université de Montréal, 1965.

Regroupant les travailleurs sur la base de leurs métiers, le CMF accuse le CCMT, composé majoritairement de Chevaliers du travail, de semer la zizanie au sein des unions de métier en voulant syndiquer les ouvriers sur une base géographique.

La lutte acharnée entre les deux groupes se poursuit jusqu'à l'assemblée du Congrès des métiers et du travail du Canada. À la session annuelle de septembre 1900 du CMTC, le Conseil des métiers fédérés se sent déjà assez fort pour s'opposer à l'admission des représentants du Conseil central et de deux assemblées des Chevaliers du travail de Montréal, qui, selon lui, ne représentent qu'eux-mêmes.

L'affrontement final ne survint que deux ans plus tard, en novembre 1902, au Congrès de Berlin (aujourd'hui Kitchener). À la suite de la répétition du même scénario, le CMTC vote une résolution bannissant de la centrale toutes les unions nationales œuvrant dans des secteurs où étaient déjà implantées les unions internationales[17].

Des vingt-trois organisations expulsées par cette mesure, douze sont de Montréal : il s'agit du Conseil central des métiers, de cinq assemblées de Chevaliers et de six syndicats nationaux.

À ce moment, les unions internationales qui avaient réussi à doubler le nombre de leurs locaux au Canada en quatre ans contrôlaient le CMTC et J. A. Flett, organisateur de la Fédération américaine du travail (FAT) au Canada, est alors président du Congrès. C'est ce qui explique la facilité avec laquelle elles ont pu faire adopter cette résolution amendant leur constitution.

Les organisations exclues du CMTC en 1902 fondèrent aussitôt à Berlin (Ontario) une nouvelle centrale syndicale avec les objectifs déclarés suivants : réunir toutes les organisations ouvrières existantes au Canada et fonder des syndicats nationaux à travers tout le Canada. Cette nouvelle centrale prit le nom de Congrès national des métiers et. du travail du Canada (CNMTC) avant d'adopter en 1908 celui de Fédération canadienne du travail (1908-1927).

Dès 1903, cependant, au premier congrès officiel tenu à Québec, les délégués de la nouvelle centrale rejettent le droit d'affiliation pour les locaux canadiens des syndicats internationaux. Cette décision qui faisait le jeu des syndicats internationaux sera un obstacle majeur au développement de cette centrale pendant les vingt-cinq années de son existence. Des 7 000 ouvriers qu'elle réunit en 1903, dont plus de 90 % venant du Québec, il n'en reste plus en 1920 que 6 000, dont moins de 10 % venant du Québec. Pour la même période le membership du CMTC passe de 15 000 à 175 000.

---

17. Voir le document n° 5 et Jacques Rouillard, «le Québec et le Congrès de Berlin (Ontario) – Étude du rôle des Québécois dans la scission en 1902, du mouvement syndical canadien en deux tendances, l'une nationale, l'autre internationale», communication présentée au Congrès de l'Institut d'histoire de l'Amérique française, en octobre 1975.

Avec l'influence croissante des syndicats internationaux sur le Congrès des métiers et du travail du Canada à la fin du XIXe siècle, et surtout avec leur main-mise quasi complète sur le congrès à partir de 1902, le mouvement ouvrier canadien sera soumis désormais aux orientations des dirigeants de la FAT à Washington[18]. Les seules prises de positions du CMTC en faveur du syndicalisme de métiers et son rejet du syndicalisme industriel jugé trop révolutionnaire et du socialisme sous toutes ses formes sont suffisamment éloquentes à cet égard.

Dès le début du siècle, le CMTC adoptera une nouvelle forme d'action poli-tique ouvrière : il préconisera une représentation politique ouvrière indépendante des partis bourgeois traditionnels, mais organisée et contrôlée par le mouvement syndical. Cette position en faveur du «travaillisme» s'exprimera en opposition à l'action politique partisane et au socialisme. D'ailleurs, à la session de 1899 du Congrès et à celles qui suivirent jusqu'en 1906, on ne propose jamais la création comme tel d'un parti canadien indépendant de la centrale.

C'est en septembre 1899 que le CMTC décide de se lancer dans l'action poli-tique, à la suite de l'élection au Parlement de la Colombie britannique de Ralph Smith et Robert MacPherson[19], candidats ouvriers dits indépendants mais effec-tivement appuyés par le Parti nationaliste (Chevaliers du travail) et le Parti libéral. La nomination de A.W. Puttee par le Conseil des Métiers et le Parti Ouvrier indépen-dant de Winnipeg comme candidat ouvrier dans une élection fédérale partielle amena J. A. Flett, organisateur de la FAT au Canada et vice-président du Congrès, à définir une ligne politique. Il fait adopter une résolution recommandant aux divers conseils des métiers de prendre des mesures nécessaires pour se former en partis ouvriers locaux et nommer des candidats aux différents niveaux de gouvernement. La réso-lution de Flett déclare qu'à l'avenir les unionistes qui défendront les programmes des vieux partis seront considérés comme des escrocs et des ennemis du mouvement ouvrier.

Suite au Congrès de 1899 du CMTC, apparaîtront les partis ouvriers indépen-dants de Montréal (octobre 1899), de Vancouver (juillet 1900) et de Toronto (août 1900). Ils ont tous eu une existence très brève. Le Parti ouvrier indépendant de Winnipeg avait été formé dès 1895 ; il est la première organisation de ce nom au Canada.

Dès l'année suivante, l'exécutif du CMTC dominé par des partisans libéraux remet en cause cette première orientation. Enfin, la décision du CMTC de 1901 de nommer un officier syndical au Parlement à temps plein pour préparer des projets de loi conformes aux intérêts des syndiqués et faire rapport sur l'attitude des dépu-tés en Chambre, signifiait l'adoption par le CMTC des méthodes de lobbying de la

---

18. Voir R. H. Babcock, *Gompers in Canada, a Study in American Continentalism before the First World War*, Toronto, University of Toronto Press, 1974, 292 pages.
19. Martin Robin, *op. cit*, chap. V, p. 62-78.

direction américaine des syndicats internationaux. En 1903 et en 1904 le Congrès se contente d'endosser le principe de l'action politique indépendante, c'est-à-dire l'appui à des candidatures ouvrières individuelles. En 1905 il recommande aux ouvriers de London d'appuyer le candidat conservateur aux élections provinciales.

Au fond, le CMTC a adopté sensiblement la même position que celle que défendait la FAT dès son Congrès de 1891. Cette année-là, Gompers et son exécutif l'ayant emporté sur les membres du Socialist Labor Party qui s'étaient vu refuser le droit d'affiliation pour leur parti à la FAT[20], avaient définitivement tracé une «politique non partisane» pour les syndicats internationaux.

Il faut bien interpréter les appels officiels de la part de la direction des unions américaines en faveur de l'action politique. Concrètement cela signifiait appuyer indifféremment les candidats des diverses formations politiques reconnus pour être particulièrement favorables au programme législatif du mouvement syndical.

À fortiori, les dirigeants des syndicats internationaux n'étaient pas opposés aux candidatures ouvrières issues des syndicats mais ils insistaient pour qu'elles se fassent sous une étiquette strictement ouvrière (*«straight labor ticket»*) ; ils les craignaient dans la mesure où elles pouvaient donner naissance à une organisation politique permanente échappant au contrôle des syndicats.

Au Canada comme aux États-Unis, la position hésitante et timorée de la direction des syndicats internationaux devait bientôt rencontrer chez les syndiqués de la base une opposition à cette ligne politique et le désir de créer une organisation politique autonome et permanente des travailleurs.

Au début du XXe siècle, dans plusieurs dizaines de villes nord-américaines des syndiqués fondent des partis ouvriers, tant sur la scène municipale qu'au niveau de leur État ou de leur province. C'est ainsi que réapparaît à Montréal le Parti ouvrier en décembre 1904[21] .·

Jusqu'à maintenant les dirigeants de la FAT, comme ceux du CMTC, s'étaient toujours opposés à la création d'un parti ouvrier national. Au début de 1906, les ouvriers américains qui réclamaient un tel parti, mettent de l'avant l'important succès électoral de British Labor Party. Gompers répond à leur demande en mettant sur pied un Labor Representation Committee pour faire la lutte aux Républicains et insiste fortement auprès des syndiqués pour qu'ils élisent quelques-uns des leurs.

De leur côté, en septembre 1906, les ouvriers canadiens profitent à la fois de la conjoncture politique ouvrière anglaise, américaine et canadienne. En février 1906, Alphonse Verville, président du CMTC, avait été élu dans Montréal-Maison-

---

20. Les partisans du Socialist Labor Party étaient d'autant plus embarrassants pour les dirigeants de la FAI qu'en plus de combattre le principe de *«no politics in the unions and no union in politics»*, ils condamnaient aussi au nom de la base le syndicalisme de métier et réclamaient une restructuration de la centrale sur la base du syndicalisme industriel.
21. Voir le document n° 6.

neuve sous la bannière du Parti ouvrier de Montréal. Depuis quelques années, l'exécutif du CMTC déployait de multiples efforts pour reconquérir la confiance des ouvriers de l'Ouest canadien car, depuis 1901, plusieurs ouvriers, en particulier de Colombie britannique, avaient brisé leurs liens avec le CMTC et grossissaient les rangs de l'American Labor Union, centrale industrielle américaine fondée par le leader socialiste E. V. Debs.

Au Congrès du CMTC, qui se tient en 1906 à Victoria, dans le but de se rapprocher des «Westerners», les délégués de Victoria proposent qu'un «Canadian Labor Party» soit formé. Les délégués de Vancouver vont jusqu'à proposer que ce nouveau parti adopte le programme du Parti socialiste du Canada.

P. M. Draper, secrétaire du congrès, fait voter une résolution qui demande aux exécutifs provinciaux du congrès de convoquer des assemblées pour fonder les différentes sections d'un parti ouvrier canadien, mais sur la base du programme politique du CMTC.

Le texte de la constitution du Parti ouvrier canadien qu'adoptent les délégués, prévoit que le comité exécutif des sections locales sera composé de quinze délégués du Conseil des métiers et de cinq délégués pour chacun des clubs ouvriers de quartier. Aucune structure nationale permanente n'est prévue pour coordonner ultérieurement l'action des sections locales.

C'est ainsi qu'au mois d'octobre 1906 la section manitobaine (Winnipeg) est créée ; la section ontarienne, en avril 1907. Les sections de Colombie britannique et d'Alberta quant à elles ne voient pas le jour, les militants locaux du Parti socialiste du Canada ayant saboté leur assemblée de fondation et fait adopter le programme du PSC. Au Québec, le Parti ouvrier de Montréal, qui était réapparu depuis deux ans, forme désormais la section québécoise du Parti ouvrier du Canada. Les chroniqueurs ouvriers des quotidiens montréalais continueront à parler du «Parti socialiste» la section québécoise du PSC.

Le Parti ouvrier canadien ne devait cependant pas connaître une longue carrière car après la session de 1909 du CMTC, les exécutifs provinciaux ne se réunissent plus pour traiter des affaires du parti ; seules les section du Québec, à Montréal, et d'Ontario, à Hamilton, connaissent une certaine constance dans leurs activités jusqu'en 1917, année où le parti sera de nouveau relancé à l'échelle canadienne[22].

En plus des carences organisationnelles et financières, on attribue généralement l'«échec du parti» au fait qu'au congrès de 1907, on refusa de reconnaître le principe de l'autonomie des sections provinciales en matière d'orientation politique c'est-à-dire concrètement de reconnaître le Parti socialiste dans les deux provinces de Colombie britannique et d'Alberta. Le POC, dans l'esprit des représentants des syndicats internationaux, n'avait nullement l'ambition de prendre le pouvoir mais seulement d'y

---

22. Voir le document n° 25.

participer. Fondamentalement la direction des syndicaux internationaux pratiquait une politique de collaboration avec les patrons et leurs gouvernements. Elle ne manquait pas les occasions de mettre les travailleurs en garde contre les socialistes, «éléments extrémistes, destructeurs de la civilisation». Défendant principalement les intérêts sectoriels des ouvriers les plus qualifiés, la direction des unions internationales voyait d'un très mauvais œil la volonté des différents groupements socialistes d'organiser tous les ouvriers sans distinction de métier.

Le syndicalisme industriel prôné par les socialistes consistant à regrouper tous les ouvriers d'une même industrie dans un même syndicat devait permettre d'organiser les non-spécialisés et surtout d'accroître la solidarité ouvrière en temps de grève. Les défenseurs des syndicats internationaux qui inclinaient vers un syndicalisme d'affaires et de négociation craignaient cette forme d'organisation facilitant les grandes actions de grève.

C'est ainsi que les socialistes qui militaient dans le mouvement syndical n'obtiendront jamais que le Congrès organise les ouvriers sur la base de leur industrie de préférence à celle de leur métier. Une exception : au congrès du CMTC tenu à Calgary en 1911, une représentation exceptionnellement forte des syndicats de l'Ouest réussissait à faire endosser le principe du syndicalisme industriel. Dès l'année suivante, l'exécutif du Congrès obtenait que la résolution de 1911 soit interprétée comme une déclaration de nature strictement «permissive et éducative». Le rejet de cette forme d'organisation par le CMTC encourage le doublage syndical («*dual unionism*»). C'est ainsi que dans plusieurs métiers, des syndicats canadiens s'affilient à des centrales industrielles américaines, (American Labor Unions, Western Federation of Miners, Amalgamated Clothing Workers, Industrial Workers of the World, etc.), ce qui entraîne une division permanente dans les rangs des ouvriers canadiens.

6. LE PARTI OUVRIER DE MONTRÉAL ET
LE PARTI OUVRIER DU CANADA

Au Québec, pendant les vingt ans qui ont précédé la première guerre mondiale le mouvement ouvrier politique est traversé notamment par l'idéologie travailliste. Contrairement aux provinces de l'Ouest mais parallèlement à l'Ontario, le syndicalisme de métiers y est dominant et contrôle presque dans son ensemble l'organisation politique ouvrière.

Né en 1899, d'une réunion de clubs ouvriers formés dans les années 1890, le Parti ouvrier de Montréal représente la principale organisation politique ouvrière du Québec. Dès 1898, des ouvriers de Montréal réunis dans deux clubs ouvriers, le Club central et le Club indépendant, s'interrogent sur l'action politique indépendante de l'action syndicale et des partis traditionnels. La plupart avaient misé sur l'accession des libéraux au pouvoir à Québec et à Ottawa, pour voir se réaliser les réformes jugées nécessaires. Entre autres, les ouvriers croyaient que les libéraux provinciaux de Lomer Gouin lèveraient l'exigence de la propriété foncière pour participer à la gestion municipale[23].

À Montréal, les ouvriers syndiqués comptent maintenant deux conseils centraux et le nombre de syndiqués grossit chaque semaine. Un ex-typographe, J. A. Rodier, devenu représentant de l'Union typographique Jacques-Cartier au CMTM et chroniqueur ouvrier au journal *la Presse*, est l'instigateur de la création du Parti ouvrier de Montréal sur la base des clubs ouvriers existants et du CMTC. J.A. Rodier a été formé à l'école des Chevaliers du travail. Ni la section montréalaise du Socialist Labor Party, ni les ligues affiliées à la Canadian Socialist League ne sont impliquées dans le projet. La création du PO s'inscrit dans le programme d'action politique adopté par le congrès du CMTC en 1899.

Le programme du PO comporte une série de revendications précises et abandonne la poursuite de valeurs morales qui caractérisait la Déclaration de principes des Chevaliers du travail présentée par A.T. Lépine en 1888[24]. La Déclaration commençait par l'article suivant : «Faire de la valeur morale et industrielle — non de la richesse — la vraie mesure de grandeur des individus et des nations». Le programme du PO reprend cependant la majeure partie des demandes immédiates contenues dans la déclaration des Chevaliers du travail et dans les programmes politiques du CMTC et du CMTM[25].

Le Parti ouvrier en tant que parti réformiste ne condamne pas le système capitaliste et ne reconnaît pas la lutte entre les représentants du Capital et les ouvriers comme fondement de ce système. Cependant, ses objectifs politiques se situent en opposition avec les intérêts de la bourgeoisie libérale et du clergé de cette époque.

Les principales revendications du parti peuvent se formuler comme suit : dès 1899, le parti inscrit à son programme l'éducation gratuite et obligatoire et l'abolition du travail pour les enfants de moins de seize ans ; en 1904, il exige la mise sur pied d'un département de l'Instruction publique pour l'ensemble de la province de Québec, un programme d'assurance-maladie, de pensions de vieillesse et d'assurance-chômage. Pour protéger les ouvriers, le PO exige la suppression des intérêts usuraires, la création d'un tribunal pour les petites causes où il serait possible de se défendre sans avocat, l'abolition du système des baux pour la location des maisons, l'interdiction de saisir les salaires et les meubles de ménage, l'impôt progressif sur le revenu, une loi établissant la responsabilité du patron dans les d'accidents de travail et la

---

23. Sur la fondation du PO, voir Jacques Rouillard, *op. cit.* Pour l'ensemble des activités du PO, voir aussi J.-M. Montagne, *le Parti ouvrier, Montréal, 1899-1919*, Montréal, UQAM, texte dactylographié, hiver 1973, 26 pages.
24. A. T. Lépine est élu député fédéral en 1888 et crée le *Trait d'union*, journal officieux des Chevaliers du travail qui publie la Déclaration des Chevaliers.
25. Voir le document n° 1.

journée de huit heures. Pour limiter la concentration du capital, le parti réclame la suppression des banques privées et leur remplacement par une banque d'État, l'interdiction aux municipalités d'accorder des subventions pour l'établissement d'entreprises privées et la nationalisation et la municipalisation de tous les services publics. Il propose l'instauration du suffrage universel, l'organisation de référendums, l'élection des juges par le peuple, l'abolition du Sénat et du Conseil législatif et la liberté absolue de la parole et de la presse.

Bien que le PO ait été formé dès le départ par des syndicalistes, ses organisateurs sont conscients des débats que soulèvent, parmi les ouvriers syndiqués attachés aux formations politiques traditionnelles, l'apparition d'un parti proprement ouvrier. Cherchant d'autre part à rejoindre la masse des travailleurs non syndiqués, il s'attache à conserver ses distances par rapport au CMTM et s'établit sur une base de quartier.

Réunis au sein d'un club ouvrier, les travailleurs élisent un comité exécutif et se dotent d'un local pour leurs activités. Cinq de leurs membres sont élus pour siéger à un comité général, instance dirigeante du Parti ouvrier. Parmi les membres de ce comité sont choisis ceux qui siégeront à l'exécutif du parti. Le Comité général a la responsabilité de décider du choix des candidats qui se présenteront aux élections et d'établir le programme du parti dont le financement est assuré par les cotisations des membres.

Malgré les objectifs du parti de se tenir à l'écart des structures syndicales, il ne parvient à peu près jamais à assurer son recrutement à l'extérieur des syndicats. De plus, créé par des membres des unions internationales, il s'aliène les membres du Conseil national des métiers et du travail en rivalité croissante avec le Conseil des métiers et du travail de Montréal.

À partir de 1906, le Parti ouvrier se rapproche du CMTM qui délègue des représentants au Comité général de telle sorte que s'établit une alternance entre les leaders du PO et ceux du CMTM : nommons à titre d'exemple Gustave Francq, Joseph Ainey, Alphonse Verville, G. R. Brunet et David Giroux. Par ailleurs, les syndicats peuvent être représentés directement au Comité général sans passer par le CMTM ou les clubs ouvriers. En 1914, quelques clubs de salariés agricoles sont admis dans le PO. Plusieurs non-syndiqués adhèrent au parti à la condition d'en signer la déclaration de principes, d'obéir à la constitution et d'être admis sur un vote des deux tiers des membres. C'est ce qui permet à des avocats, médecins, échevins sortants d'obtenir l'appui officiel du parti à des élections municipales, provinciales ou fédérales.

Plusieurs des fondateurs et dirigeants du PO sont passés par le Parti libéral avant de militer dans la formation ouvrière. Ils conservent avec lui des rapports de bon voisinage. Le PO bénéficie même d'un certain appui de la part des libéraux. On peut mentionner à cet effet le bon accueil réservé par la Presse et la Patrie à la formation du PO en 1899 et en 1904 et la part très importante prise dans sa création par J. A. Rodier qui fut chroniqueur aux deux journaux. Alphonse Verville, président du CMTC, élu député fédéral pour le PO le 23 février 1906, prend en Chambre des positions très proches du Parti libéral et reçoit par la suite l'appui plus ou moins direct de celui-ci. Le 17 décembre 1917, il est réélu sous la bannière libérale. Joseph Ainey, du PO, est élu membre du Bureau de contrôle de la ville de Montréal en 1910 alors qu'il fait partie de l'équipe de l'Association des citoyens de Montréal, composée de notables mécontents de l'administration municipale et liée au Parti libéral. En décembre 1916, Alphonse Verville est nommé par le gouvernement provincial de Lomer Gouin à la Commission du tramway chargée de régler le problème de la franchise du tramway à Montréal puis en 1918, devient membre de la seconde commission de contrôle de Montréal. Joseph Ainey, pour sa part, après sa défaite dans l'élection à la mairie de Montréal en 1918, est nommé par Gouin surintendant des bureaux de placement provinciaux puis représentant du gouvernement provincial à la Commission fédérale de placement.

Les rapports entre le PO et le clergé québécois sont moins harmonieux. Le clergé voit d'un mauvais œil la création du PO, issu des unions internationales et a-religieux, et cherche pendant cette période à jeter les bases d'un syndicalisme national et catholique. Pourtant à l'exception d'Albert Saint-Martin et de Gustave Francq le PO s'abstient de soulever toute polémique avec le clergé, conscient du danger qui en résulterait pour l'unité de ses militants.

Cette unité au sein du PO est pourtant rompue à quelques reprises. En 1906 et 1907, le parti expulse de ses rangs des militants socialistes dirigés par le secrétaire du PO, Albert Saint-Martin. Il suit en cela la politique établie par le CMTC. À partir de 1907, le PO refuse de répondre aux invitations des socialistes qui lui demandent de collaborer à l'organisation de la manifestation du 1er mai.

En 1912, un groupe de militants du PO dirigé par J. A. Guérin critique la direction du parti qui, malgré de très maigres résultats, s'obstine à maintenir la participation du PO aux élections provinciales et fédérales. Les dissidents considèrent qu'en laissant l'entière liberté aux membres dans les élections provinciales et fédérales, le parti recevrait un appui plus important au niveau municipal. Le parti exige de ses membres qu'il rompe toute attache avec les partis traditionnels. Devant le refus des dirigeants du PO de modifier la constitution, les dissidents quittent le parti et organisent des clubs ouvriers municipaux qu'ils regroupent dans la Fédération des clubs ouvriers municipaux qui ne s'occupe au départ que de politique munipale. Très rapidement, la FCOM dépasse le PO en nombre de membres.

La lutte contre la conscription fournit à la FCOM une autre occasion d'accroître ses effectifs. Dès que le gouvernement fédéral montre son intention de participer à la première guerre mondiale, la fédération prend clairement position contre toute forme de conscription. Avec les nationalistes et les socialistes, elle organise des assemblées monstres. Le PO, lui, dépend du CMTM qui à son tour attend que le CMTC prenne une position au niveau national. Les dirigeants du PO sont eux-mêmes divisés : Verville est opposé à la conscription et Gustave Francq la défend. Pendant ce temps, la FCOM, les nationalistes, disciples d'Henri Bourassa et les socialistes multiplient les assemblées populaires. Toutefois, ce sont les libéraux qui profiteront du mécontentement populaire au Québec. Ni la FCOM, ni le Parti social-démocrate et ni le nouveau Parti ouvrier du Canada, formé à la veille des élections fédérales par le CMTC[26] dans le but de combattre «légalement» la conscription, ne parviennent à faire élire leurs candidats lors du scrutin fédéral du 17 décembre 1917.

La section de la province de Québec du Parti ouvrier du Canada est formée le 3 novembre 1917. Deux cent huit délégués de cent quatre organisations ouvrières participent à son congrès de fondation. Alors que le PO n'a jamais eu d'organisation à l'échelle de l'ensemble du Québec, n'ayant eu que des contacts épisodiques avec Québec, Saint-Hyacinthe et Buckingham, le nouveau Parti ouvrier du Canada compte au départ des représentants de Montréal, Québec, Saint-Hyacinthe, Trois-Rivières, Hull, Sorel, Chicoutimi, Rivière-du-Loup, Thetford Mines, Valleyfield. La section du Québec du POC est dirigée par un exécutif comprenant neuf vice-présidents afin d'assurer une représentation de toutes les régions. Les délégués, qui procèdent à sa fondation, viennent de syndicats, de clubs ouvriers, de la FCOM, de sociétés coopératives, du PSD et du PSC. Les cercles agricoles invités à participer au POC délèguent deux représentants.

Le nouveau parti reprend intégralement le programme du PO de Montréal en y ajoutant un préambule nettement plus à gauche. Le but du parti est défini comme étant «d'organiser, instruire et consolider le vote ouvrier dans la province de Québec afin de coopérer avec les autres provinces pour en arriver à une unité d'action politique dans tout le Canada et de procurer à ceux qui peinent le fruit de leur labeur ainsi que la reconnaissance de la lutte de classe pour défendre l'organisation sur le terrain politique et industriel à la seule fin de remettre à la classe ouvrière les ressources naturelles et les moyens de production». Joseph Ainey est élu président de la section québécoise du POC et Joseph Schubert, du Parti social-démocrate du Canada, trésorier.

Le 12 mai 1918, une assemblée de Montréal du POC est formée. Joseph Métivier en est élu président et une socialiste, Bella Hall, deuxième vice-présidente[27]. Les autres formations ouvrières du Québec prennent position devant la création du POC. Le PO de Montréal, dès le 2 décembre 1917, vote son affiliation au nouveau parti et avec la formation en mai 1918, de l'Assemblée de Montréal, il se saborde. Le PSD, section du Québec, s'affilie à la nouvelle organisation dans le même mois. Enfin, le 22 avril 1918, la Fédération des clubs ouvriers municipaux vote elle aussi son affiliation.

---

26. Voir Martin Robin, *op. cit,* chap. IX : «The Canadian Labor Party : 1916-1917», p.119-137.
27. Voir C. Vance, *Not by gods but by people*, Toronto, Progress Publishers, 1970 : une biographie de Bella Hall-Gould.

7. QUELQUES ORIENTATIONS DE RECHERCHE

Nous aimerions signaler quelques-unes des questions clés qui orientent notre étude des débuts du mouvement politique ouvrier. Il ne s'agit point de tenter de trancher d'entrée de jeu, mais simplement de souligner que nous entendons les aborder au fur et à mesure que progressera la recherche. En voici donc quelques-unes : quel rapport y a-t-il eu entre l'émergence de la classe ouvrière et l'apparition du mouvement ouvrier ? Quels sont les traits les plus saillants de l'évolution de la composition de la classe ouvrière au Québec ? Quels ont été ses rapports avec les petits producteurs agricoles et urbains ? De quelle manière l'inégalité de développement socio-politique de différentes catégories de travailleurs s'est-elle exprimée à différentes époques ? Quelles ont été les conditions et les facteurs d'émergence d'une conscience de classe politique et d'une idéologie socialiste à l'intérieur du système capitaliste dans sa phase de transition depuis le capitalisme concurrentiel jusqu'au capitalisme monopoliste ? Quel a été l'impact des mouvements socialistes américains, anglais, français et anglo-canadiens dans la formation au Québec de cette conscience de classe politique ? Comment le catholicisme social, avec ses origines européennes, a-t-il canalisé idéologiquement la conscience ouvrière ? De quelle façon, avec quelle envergure, le rapport dialectique entre la question nationale et les questions sociales a-t-il traversé le mouvement ouvrier québécois ? Quelles sont les conditions objectives de travail et de vie des travailleurs québécois qui interviennent de façon significative pour expliquer l'évolution des rapports capital/travail ?

Les éléments rassemblés dans les *documents* devront permettre aux chercheurs d'aborder l'analyse de la conscience de classe des leaders ouvriers et d'identifier la pratique politique des responsables syndicaux. À partir de l'examen du contenu des interventions des leaders et des prises de position de quelques organisations du mouvement ouvrier il serait important d'essayer d'évaluer l'impact réel de ces interventions sur le milieu socio-économique québécois ; de pondérer le degré de mobilisation des masses ouvrières du secteur industriel dont l'idéologie et la pratique demeurent difficiles à cerner.

RECUEIL DE
DOCUMENTS

1. LES CHEVALIERS DU TRAVAIL
1887

Première organisation ouvrière d'importance au Québec, les Chevaliers du travail, tout en s'opposant au corporatisme et aux seules revendications économiques des unions de métier, visaient à la transformation radicale de la société. Ils préconisaient l'abolition du salariat par l'éducation et l'organisation des ouvriers par l'action politique.

Le texte qui suit est la déclaration de principes des Chevaliers du travail. Cet écrit va être le point de ralliement de l'action des militants.

DÉCLARATION DE PRINCIPES DES CHEVALIERS DU TRAVAIL

I

Faire de la *valeur morale et industrielle* — non de la richesse — la vraie mesure de la grandeur des individus et des nations.

II

D'assurer aux travailleurs leur part légitime et la pleine jouissance des richesses qu'ils créent ; assez de loisirs pour développer leurs facultés intellectuelles et sociales ; tous les bénéfices, récréations et plaisirs de la sociabilité ; en un mot de *les rendre capables d'avoir part* aux profits et aux honneurs d'une civilisation avancée.

III

L'établissement d'un *Bureau de statistique du travail*, afin que nous puissions arriver à un aperçu correct de l'éducation et de la condition morale et matérielle des masses ouvrières.

IV

La réserve, en faveur des occupants ou colons actuels des *terres publiques* qui sont l'héritage du peuple. Pas un arpent de terre pour les chemins de fer ou les spéculateurs ; nous voulons que toutes les terres qui sont maintenant entre les mains des spéculateurs soient taxées à leur pleine valeur.

V

L'abrogation de toutes les lois qui ne portent pas également sur le Capital et le Travail ; et l'abolition de toutes les finesses et subtilités techniques, les délais calculés et le favoritisme dans *l'administration de la justice.*

VI

L'adoption de mesures ayant pour objet de pourvoir à la *santé et à la sûreté des ouvriers* employés dans les manufactures, les mines et les industries du bâtiment ; aussi assurant une juste indemnité en cas d'accidents qui seraient dus à l'absence des sauve-gardes nécessaires.

VII

La reconnaissance sur un pied d'égalité, par les Corporations Industrielles, *de toutes les Unions*, Corps de Métiers, Ordres, et toutes autres Sociétés et Associations qui sont déjà, ou peuvent être dans la suite, organisées par les classes ouvrières pour améliorer leur condition et protéger leurs droits.

VIII

Le passage des lois ayant pour objet de forcer les corporations de *payer leurs employés chaque semaine en monnaie légale* argent comptant pour tout le travail de la semaine précédente ; et de garantir aux ouvriers et journaliers le premier gage ou hypothèque sur le travail pour le montant entier de leurs salaires.

IX

L'abolition de tout système de contrat à forfait pour les travaux nationaux, provinciaux ou communaux.

X

Le passage de lois établissant un *système d'arbitrage* entre patrons et employés ; et donnant force de loi aux décisions des arbitres.

XI

La défense de par la loi d'employer les *enfants* au-dessous de quinze ans dans les boutiques, mines et manufactures de toutes sortes.

XII

Défense de par la loi de louer le *travail des prisonniers* à des particuliers pour leurs usines.

XIII

L'établissement d'un *impôt* gradué et progressif sur les revenus.

XIV

Qu'il [le gouvernement] établisse un *système national de monnaie* dans lequel l'argent monétaire soit émis directement entre les mains du peuple en quantité suffisante pour les échanges, sans l'intervention de banques particulières ; que l'argent de circulation ainsi émis ait cours légale forcé et soit accepté en paiement de toutes dettes publiques et privées ; et que l'État ne reconnaisse officiellement ou crée aucune banque privée ou compagnie de crédit, ni ne les couvre de sa garantie.

XV

Que les obligations et les *billets portant intérêt* ne soient jamais émis par le gouvernement et qu'il émette de la monnaie légale, ne portant pas intérêt, lorsque le besoin s'en fera sentir.

XVI

Que l'importation par contrat *d'ouvriers étrangers* soit défendue.

XVII

Qu'avec le concours des bureaux de poste, le gouvernement organise des échanges financiers et qu'il facilite le dépôt des *épargnes de la classe ouvrière*.

XVIII

Que le gouvernement général obtienne possession, par voie d'achat, en vertu du droit de souverain domaine, de tous les *télégraphes, téléphones et chemins de fer* ; et que dans la suite nulle charte, lettres-patentes, ou privilège ne soient concédés à une corporation pour la construction et l'administration de moyens de transport de passagers, fret, lettres et dépêches.

XIX

De fonder des établissements de *coopération* de telle sorte que le système actuel de gages soit remplacé par un système industriel de «salaires coopératifs».

XX

Qu'on mette en application le principe : *à travail égal, salaire égal* pour les deux sexes.

XXI

De raccourcir la *journée de travail*, en refusant de travailler plus de *huit heures* par jour.

A. T. Lépine, *Explication de la déclaration de principes de l'origine des Chevaliers du travail,* Montréal, Imprimerie du «trait d'union», 1887, p. 1-19. Les articles XV, XVII et XX ne sont pas cités par Lépine ; ils ont été tirés de Jacques Martin, *les Chevaliers du travail et le syndicalisme international à Montréal*, thèse de maîtrise (relations industrielles), Université de Montréal, 1965, p. 110-113.

2. MANIFESTE DU PARTI SOCIALISTE OUVRIER
septembre 1894

Le 3 septembre 1894, lors de la manifestation ouvrière de la Fête du travail à Montréal, était distribué le manifeste de la section québécoise du Parti socialiste ouvrier (Socialist Labor Party) qui était alors le seul parti socialiste d'envergure nationale aux États-Unis. Il semble que ce parti ait compté à cette époque au moins trois cellules à Montréal ainsi qu'une dizaine d'autres dans les principaux centres industriels du Canada. En mai 1906, des membres de cette organisation participaient à la première manifestation socialiste organisée à Montréal et plus tard, à l'époque de la première guerre mondiale, des tracts de ce parti circulaient dans cette ville.

MANIFESTE AUX OUVRIERS DU CANADA

Compagnons,

Le parti socialiste ouvrier profite de cette occasion pour attirer votre attention sur la nécessité de vous ranger sous sa bannière, si vous voulez vous affranchir de la dépendance industrielle de la classe des capitalistes. Continuer à laisser entre leurs mains le pouvoir politique c'est se mouvoir dans un cercle de vol et d'oppression dont il est chaque jour plus difficile de sortir. Nous déclarons donc que, par suite de la perversion de la démocratie pour servir les fins de la ploutocratie, le travail est privé de la richesse qu'il est seul à produire, et ne peut pas obtenir les moyens de l'utiliser, l'inaction obligatoire causée par la réduction des gages au niveau de l'esclavage lui enlève même les moyens de se procurer les choses essentielles à l'existence.

La puissance humaine et les forces naturelles sont ainsi gaspillées pour servir au règne de la ploutocratie.

L'ignorance et la misère, avec les maux qui les accompagnent, subsistent sans entrave afin que le peuple soit tenu en servitude.

La science et les inventions sont distraites de leur but humanitaire, pour l'asservissement des femmes et des enfants.

Le parti socialiste ouvrier proteste une fois de plus contre ce système : Une fois de plus il réitère sa déclaration fondamentale que l'appropriation par des particuliers des sources naturelles de production et des instruments du travail est la cause indiscutable de toute servitude économique et de toute dépendance politique. Et, attendu que le temps arrive rapidement où, dans le cours naturel de l'évolution sociale, par l'action destructive de son impuissance et des crises qu'il produit, et les tendances envahissantes des combinaisons de capitalistes qu'il permet, ce système aura amené lui-même sa propre chute.

Qu'il soit donc :

Résolu que nous faisons appel au peuple pour qu'il s'organise en vue de substituer une communauté coopérative à l'état actuel de production erronée, de guerre industrielle et de désordre social, une communauté dans laquelle chaque travailleur aura le libre exercice et l'entier bénéfice de ses facultés multipliés par tous les facteurs modernes de la civilisation.

Nous en appelons à eux pour s'unir à nous dans un puissant effort destiné à mettre entre nos mains, par tous les moyens pratiques, le pouvoir politique.

En même temps et dans le but d'améliorer immédiatement la condition des travailleurs, nous présentons les demandes qui suivent :

Demandes sociales

1.   Réduction des heures de travail proportionnellement aux progrès de la production.

2.   Le Canada doit obtenir la possession des chemins de fer, canaux, télégraphes et téléphones et autres moyens de transport et de communications ; mais aucun employé ne pourra être renvoyé pour raison politique.

3.   Les municipalités doivent obtenir la possession de chemins de fer locaux, bateaux passeurs, usines à gaz, usines à électricité et autres industries qui sollicitent des franchises municipales. Mais aucun employé ne pourra être renvoyé pour raison politique.

4.   Les terres publiques doivent être déclarées inaliénables. Révocation de tous les octrois de terre à des corporations ou des individus qui n'ont pas rempli les conditions requises.

5.   Incorporation par les provinces des Trade Unions qui n'ont pas d'organisation nationale.

6.   Privilège exclusif pour la puissance du Canada de faire des émissions monétaires.

7.   Législation pourvoyant à l'administration scientifique des eaux et forêts et interdisant le gaspillage des ressources naturelles du pays.

8.   Libre emploi de toutes les inventions ;   la nation devant rémunérer les inventeurs.

9.   Impôt progressif sur le revenu et taxe sur les héritages avec exemption sur les petits revenus.

10.   Éducation scolaire de tous les enfants au-dessous de 14 ans, obligatoire, gratuite et accessible à tous, au moyen de l'assistance publique en repas, vêtements, livres, s'il est nécessaire.

11.   Rappel de toutes les lois contre la mendicité, le vagabondage et des lois somptuaires. Liberté absolue d'association.

12.   Statistiques officielles sur la condition du travail. Prohibition du travail des enfants en âge d'aller à l'école et de l'emploi des femmes à des travaux pernicieux pour leur santé et leur moralité. Abolition du système du travail des prisonniers par contrat.

13.   Emploi des ouvriers sans travail par les autorités publiques (municipales, locales et fédérales).

14.   Paiement des salaires en monnaie légale canadienne. Équation des salaires des hommes et des femmes dans les mêmes travaux.

15.   Lois pour la protection contre les accidents dans tous les travaux, et loi effective de responsabilité des patrons.

16.   Assurance par l'État contre la maladie et la vieillesse.

Demandes politiques

1.   Le peuple doit avoir le droit de proposer des lois et de voter sur les mesures importantes suivant le principe du référendum.

2.   Abolition du pouvoir de véto de l'exécutif là où il existe.

3.   Autonomie municipale.

4.   Vote direct et scrutin secret pour toutes les élections. Droit de suffrage universel et légal pour tous sans considération de croyance, couleur ou sexe. Les élections doivent être jour de congé. Introduction du principe de la représentation proportionnelle.

5.   Tous les officiers publics sont soumis au rappel par leurs divisions respectives.

6.   Loi criminelle et civile uniforme pour tout le Canada. Administration gratuite de la justice. Abolition de la peine de mort.

Le Réveil, 8 septembre 1894.

3. LE CONSEIL FÉDÉRÉ DES MÉTIERS ET DU TRAVAIL DE MONTRÉAL

2 septembre 1899

Fondé le 12 avril 1897 par quatre unions opposées à la politique du Conseil des métiers et du travail, dominé par les Chevaliers du travail, le Conseil fédéré connaît une ascension rapide. En 1902, avec l'expulsion du Conseil de Montréal du Congrès des métiers et du travail du Canada, il devient le seul représentant montréalais du Congrès et de la Fédération américaine du travail (AFL). Parmi les principaux fondateurs du Conseil fédéré, l'on retrouve Joseph Ainey, Adolphe Gariépy et Fridolin Roberge.

DÉCLARATION DE PRINCIPES DU CONSEIL FÉDÉRÉ DES MÉTIERS ET DU TRAVAIL DE MONTRÉAL

Organisation

1. Nous affirmons qu'un des principaux devoirs de ce Conseil est l'organisation parfaite de toutes les classes de travailleurs comme étant le premier pas vers une plus grande liberté industrielle.

2. Nous nous engageons de plus à donner tout secours raisonnable pour aider l'organisation des métiers qui ne sont pas syndiqués et à aider les unions déjà en existence.

3. Nous croyons à la solidarité des ouvriers de toutes les branches de travail et tout en admettant le droit qu'ont les sociétés affiliées de conduire leurs propres affaires, nous déclarons qu'il est du devoir de ce corps central d'aider toutes les associations locales dans la défense de leurs droits et chercher à procurer de meilleures conditions de travail à leurs membres.

Éducation

1. Nous déclarons qu'un des principaux buts de ce Conseil est l'éducation, la fondation d'un congrès local du travail où les questions d'un intérêt général seront discutées.

2. Nous nous efforcerons de former une association où les hommes représentant le mouvement ouvrier pourront se rencontrer, se mieux connaître, et par là augmenter leurs connaissances, où leurs idées pourront s'échanger en toute liberté et les graves problèmes de réformes sociales discutés et analysés.

3. Il sera du devoir de cette organisation d'aider la propagande publique des principes de réforme du travail et spécialement celui concernant le mouvement de la réduction des heures de travail tel que formulé par la Fédération Américaine du Travail.

Législation

Nous affirmons que l'intégrité des unions de travailleurs peut se mieux conserver intacte en observant strictement une ligne de conduite d'abstention absolue de toute partisannerie politique, et, nous déclarons qu'il est imprudent que ce Conseil s'engage à supporter aucune organisation politique, fédérale, provinciale, ou municipale.

Nous recommandons cependant que tout salarié devrait exercer son droit de vote d'une manière indépendante et comme citoyen voter pour les hommes et les mesures qu'il croira les plus favorables aux intérêts du travail sans égards aux partis politiques.

Le Conseil Fédéré ne revendique aucune juridiction sur les actions politiques des délégués individuellement, à moins que, dans de telles actions ils se soient réclamés de leur qualité de délégués.

Dans ce cas ils seront passibles de la perte de tous leurs droits et privilèges dans ce Conseil.

Nous nous proclamons en faveur d'une législation provinciale et municipale tendant à l'obtention des mesures suivantes, et que c'est le devoir de ce Conseil de se servir de tous les moyens honorables auprès des législateurs afin d'obtenir leur promulgation.

1. La mise en pratique de la réduction des heures de travail pour les employés publics, les femmes et les enfants.

2.   La suspension du travail des enfants en dessous de 16 ans dans les manufactures et les établissements de commerce, et l'élévation de l'âge de l'abandon des écoles pour les enfants à 16 ans.

3.   L'abolition du système de donner par contrats les travaux publiques.

4.   L'acquisition du système de législation, tel que formulé dans les principes de «l'initiative» et du «referendum».

5.   La réglementation du travail des prisons afin de réduire à son minimum sa concurrence au travail honnête.

6.   Une loi de responsabilité des patrons qui ne viendra pas en conflit avec la loi commune du droit de recouvrement.

7.   L'obtention d'un salaire identique pour un même travail, exécuté par l'un ou l'autre sexe.

La Patrie, 2 septembre 1899.

4. LE PARTI OUVRIER : PROGRAMME
30 novembre 1899

En mars 1899 se tint à Montréal l'assemblée de fondation du Parti ouvrier. Le nouveau parti, créé dans le but d'en arriver à une expression politique qui soit indépendante des formations politiques traditionnelles (libéraux, conservateurs), s'est doté d'un programme et nommé comme organisateur J.A. Rodier. Aux élections de 1899 il pose la candidature de Fridolin Roberge, président du Conseil des métiers fédérés, qui est défait. Après avoir disparu temporairement de la scène politique, le parti réapparaît à la suite de l'élection provinciale de 1904 (où deux candidats du Conseil des métiers et du travail de Montréal avaient brigué les suffrages, sans succès). À l'élection partielle de 1906 Alphonse Verville est élu député fédéral, et en 1910 Jos. Ainey est élu conseiller municipal à Montréal.

Le programme du Parti ouvrier ne va connaître que des changements mineurs. Nous reproduisons le programme électoral de 1899, tel que le donne *la Presse* du 30 novembre 1899. Nous y avons ajouté les modifications apportées en 1904 et celles de 1911, qui sont rapportées dans *la Presse* du 9 décembre 1904 et du 26 août 1911 respectivement.

PROGRAMME ÉLECTORAL DU PARTI OUVRIER (1899)

1. Éducation gratuite et obligatoire.
2. Assurance d'État contre la maladie et la vieillesse.
3. Loi établissant la responsabilité des patrons dans les accidents de travail.
4. Suppression du travail des prisons faisant concurrence au travail libre.
5. Suppression de toutes les banques privées et leur remplacement par une banque d'État.
6. Que le jour des élections soit déclaré jour de fête légale obligatoire.
7. Le vote obligatoire.
8. Le suffrage universel.
9. Le référendum.

10. L'abolition de la qualification foncière.
11. La liberté absolue de la presse en affaires publiques.
12. L'élection des juges par le peuple.
13. La suppression des intérêts usuriers.
14. Suppression de quelques tribunaux d'appel.
15. Rendre l'accès aux tribunaux plus facile.
16. Création de tribunaux sommaires pour les petites causes.
17. Création d'un crédit agricole.
18. Création d'une caisse de prêts, afin de permettre aux ouvriers de s'acheter une propriété, où ils n'auraient pas de loyers à payer.
19. Création d'un bureau de statistiques du travail.
20. Fermeture des magasins de bonne heure.
21. L'abolition du système des travaux à forfaits pour les entreprises du gouvernement ou des municipalités.
22. L'abrogation de la loi abusive et tyrannique des Maîtres et Serviteurs.
23. Que l'État s'empare par achat, de toutes les industries donnant nécessairement lieu à un monopole et qu'il les exploite pour le bénéfice de la communauté.
24. Abolition du Sénat et du Conseil Législatif.
25. La journée de huit heures pour toutes les industries.
26. Que le système de baux pour la location des maisons destinées aux ménages soit aboli.
27. Interdiction aux municipalités de voter des subventions ou bonus à des particuliers désireux d'établir quelque industrie privée.
28. Nomination d'inspecteurs pour les études de notaires.
29. Suppression entière du droit de saisir les salaires et les meubles du ménage.
30. Impôt progressif sur le revenu.
31. Suppression de la Commission du Havre.
32. Interdiction absolue de l'immigration chinoise.
33. Que les étiquettes des sociétés ouvrières soient apposées sur toutes les marchandises produites ou achetées par l'État ou les municipalités.
34. Prohibition du travail des enfants agés de moins de quatorze ans.
35. Abrogation de la loi permettant d'accorder des privilèges de chasse et de pêche aux clubs, à l'exclusion des colons.
36. Application de la loi de conciliation dans toute la province sans exception.
37. Création de bibliothèques publiques.

[Les modifications apportées en 1904 : le PO a retranché les articles 14, 26, et 36. De nouveaux articles apparaissent.]

— Création d'un ministère de l'instruction publique.
— Macadamisage et entretien des routes par l'État.

— Que les élections générales des gouvernements fédéral et provincial aient lieu à des périodes fixes de quatre ans, nonobstant toute dissolution des parlements pouvant avoir lieu dans l'intervalle.

— Introduction du principe de la représentation proportionnelle.

— Les terres publiques devront être déclarées inaliénables et révocation de tous les octrois de terres à des individus qui n'auraient pas rempli les conditions requises.

[Et l'article 32 devient]

— Règlementation de l'immigration.

[Les modifications apportées en 1911] :

— Extension des pouvoirs et de la juridiction du ministre du travail

(ceci remplace le point qui en 1904 demandait la création du ministère du travail.)

[Les points suivants sont ajoutés] :

— Chaque électeur ne doit avoir qu'un seul droit de vote : Un homme, un vote.

— Nationalisation et municipalisation de toutes les utilités publiques.

La Presse, 30 novembre 1899, 9 décembre 1904 et 26 août 1911.

5. UNE OPINION SUR L'EXCLUSION DES CHEVALIERS DU TRAVAIL

6 décembre 1902

À partir de 1897 deux organisations syndicales des travailleurs affiliés au Congrès des métiers et du travail du Canada existent à Montréal : le Conseil des métiers fédérés (CMF) et le Conseil central des métiers et du travail (CCMT).

Regroupant les travailleurs sur la base de leurs métiers, le CMF, accuse le CCMT, composé majoritairement de Chevaliers du travail, de semer la zizanie au sein des unions de métier en voulant syndiquer les ouvriers sur une base géographique. Une lutte acharnée s'engage donc entre les deux groupes qui se poursuit jusqu'à l'assemblée du Congrès des métiers et du travail du Canada, tenue à Berlin, Ontario, en novembre 1902, alors qu'est votée une résolution bannissant de la centrale toutes les unions nationales œuvrant dans des secteurs où étaient déjà implantées les unions internationales.

Cette décision faisait du Conseil des métiers fédérés la seule organisation montréalaise reliée au CMTC.

Au lendemain de ce congrès soit à partir du 20 novembre 1902, commençait à paraître dans le journal *la Presse* une série de huit lettres signées «Un Trade-Unioniste» reconstituant l'histoire des luttes entre Chevaliers du travail et unions de métier à Montréal depuis le début des années 80. Nous reproduisons ici la sixième lettre de cette série.

Comme on l'a vu, les typographes syndiqués n'étaient pas satisfaits, en 1887 et 1888 de la conduite des Chevaliers. On va voir que plusieurs autres organisations n'en étaient guère plus contentes.

En 1882, l'Assemblée générale de l'Association amalgamée des ouvriers du fer et de l'acier, crut devoir blâmer en termes sévères la conduite des Chevaliers qui avaient tenté de semer la discorde dans les rangs de cette association.

La Fraternité des charpentiers n'avait pas non plus été épargnée. En vain elle avait sollicité l'appui des Chevaliers au moment où elle se préparait à entreprendre sa première campagne pour la journée de 8 heures : en vain, elle avait demandé au secrétaire général de l'Ordre d'autoriser les «assemblées» de charpentiers à échanger avec les «Unions» de la Fraternité les cartes de travail, afin de chasser des «chantiers organisés» ceux qui ne voulaient pas ou ne pouvaient pas s'en procurer une.

Les cigariers étaient également très mécontents. En 1884, les Chevaliers du travail accueillirent des «scabs» expulsés par l'Union Internationale des cigariers, et en 1883, ils aidèrent les manufacturiers de New York à lui infliger une défaite.

L'Union locale No [...] de cette ville, aida matériellement et moralement M. Samuel Gompers, qui avait été son premier président, à publier le «Picket» pour défendre les unions de New York contre les Chevaliers.

Ceux-ci réussirent à fonder au sein de l'Ordre une assemblée nationale des cigariers qui fit apposer sur les boîtes de cigares roulés par ses adhérents, un label jaune.

On comprend facilement, par ce qui est arrivé à Montréal, les difficultés qui surgirent de ce dualisme d'organisation parmi les cigariers, toutes les fois qu'ils eurent à discuter les conditions du travail avec leurs employeurs.

Aussi, s'empressèrent-ils de répondre à l'appel qui fut lancé au commencement de l'année 1886 par le secrétaire général des «Fraternités Unies des charpentiers et menuisiers de l'Amérique du Nord» pour examiner avec les principales Unions intéressées la situation qui leur était créée.

Les Chevaliers enregistraient alors par milliers les adhésions journalières et leurs assemblées locales se multipliaient par centaines. Les grèves se répandaient comme une contagion d'un bout à l'autre des États-Unis et le Conseil Exécutif de l'Ordre était obligé, dans certaines localités, de suspendre l'initiation de nouveaux membres. Les Chevaliers venaient de jeter le masque : ils déclarèrent que les simples Trades-Unions n'avaient plus raison d'être.

Vingt-deux unions nationales et internationales se firent représenter à la conférence qui fut tenue à Philadelphie par P. J. McGuire, W. H. Foster, ouvrier typographe et secrétaire de la Fédération des Unions organisées de Métiers et de Travail, Strasser, président de l'Union Internationale des cigariers et deux autres leaders représentant les tailleurs de pierre et les ouvriers fondeurs. Douze autres unions nationales ou internationales envoyèrent leur adhésion.

Cette conférence de Trades-Unions proposa aux Chevaliers du Travail la convention suivante :

1°   Dans tous les métiers où il y a une union, les Chevaliers ne devront initier personne ou former aucune assemblée sans le consentement de la plus proche union nationale intéressée ;

2°   Ils n'admettront aucun individu consentant à travailler pour un taux inférieur à l'échelle des salaires fixée par l'Union de son métier, ou ayant commis une offense quelconque envers l'union de son métier ;

3°   Toutes les Chartes accordées par les Chevaliers à des assemblées recrutées exclusivement dans un métier où il existe une union nationale ou internationale seront révoquées, et leurs membres requis de se joindre à une assemblée mixte ou de fonder une union locale sous la juridiction de l'Union nationale ou internationale compétente ;

4°   On révoquera tout organisateur des Chevaliers qui aura essayé de faire dissoudre des trades-unions ou de porter atteinte à leur développement ou à leur privilège ;

5°   Aucune assemblée de Chevaliers ne s'immiscera dans une grève ou un «lock-out» intéressant un trade-union quelconque avant qu'un règlement soit intervenu à la satisfaction de cette dernière ;

6°   Les Chevaliers ne devront émettre aucun label qui puisse faire concurrence à celui d'une union nationale ou internationale.

Les Chevaliers du Travail rejetèrent ces propositions et adressèrent aux trade-unions une circulaire rédigée par un comité spécial dont Frank Foster était le président et qui comptait parmi ses membres Robert Shilling, jadis président du Congrès Industriel tenu à Rochester, en 1874, et George MacNeil. En voici quelques extraits :

«Nous ne faisons aucune distinction de métier, de sexe, de croyances, de couleurs ou de nationalité. Nous voulons élever les salaires, abaisser les heures de travail, empêcher par des lois l'accumulation injuste de la richesse, et l'union des grandes corporations ; nous voulons préparer le «remplacement du salariat» par la coopération et par la suppression des castes et des classes.

«Nous reconnaissons les services rendus à l'humanité et à la cause du travail par les trades-unions, mais nous croyons que le temps est venu ou que le temps approche où tous les travailleurs pourront être enrôlés sous la même bannière.

«Nous nous engageons à coopérer avec les organisations qui veulent conserver leur forme actuelle pour atteindre les résultats qu'elles poursuivent comme nous, et notre comité spécial conférera avec celui que toutes les Unions nationales ou internationales auront jugé à propos de désigner pour régler toutes les difficultés qui pourraient s'élever entre nous.

«La base sur laquelle une entente peut intervenir comporte nécessairement quelque système pour protéger toutes les associations ouvrières contre les hommes qui ont été expulsés, suspendus, ou frappés d'amende et contre tous ceux qui ont pris la place d'Unionistes ou de Chevaliers impliqués dans une grève ou un «lockout».

«Autant que possible, il faudrait adopter une échelle uniforme de salaires et d'heures de travail et un système permettant d'échanger les cartes de travail.

«Enfin nous croyons que lorsqu'une demande sera faite pour augmenter les salaires ou réduire les heures de travail, une conférence devra être tenue entre les diverses organisations représentées dans les établissements intéressés et qu'il devra en être de même pour le règlement de toutes les difficultés qui pourraient s'élever entre employeurs et employés à un résultat acceptable aux deux organisations.»

[...]

J'avais besoin d'exposer ces faits afin de bien faire comprendre ce que j'ai l'intention de prouver : que les principes, les moyens d'action, et la tendance des Chevaliers du Travail sont incompatibles aux principes, aux moyens d'action et à la tendance des Trades-Unionistes.

Un Trade-Unioniste.

La Presse, 6 décembre 1902.

6. LE PARTI OUVRIER : CONSTITUTION
décembre 1904

Il existe très peu de documents qui décrivent le fonctionnement du Parti ouvrier. Les informations sur le sujet sont rares. Elles sont de deux ordres : les constitutions émises par le parti et les analyses du fonctionnement du parti faites par des tiers. Le Parti ouvrier rédige sa constitution le 4 décembre 1904 et lui apporte des corrections en octobre 1910.

CONSTITUTION DU PARTI OUVRIER, 1904

1.— Le but de ce parti est de combattre toute politique adverse aux intérêts des travailleurs et de la société et d'améliorer le système d'économie politique actuel par une politique d'économie sociale et coopérative conforme à l'intérêt général et au bien de tout le pays.

2.— Pour cette fin, d'obtenir une juste représentation dans les gouvernements fédéral et provinciaux,.ainsi que dans les conseils municipaux.

3.— Toute personne sera éligible comme membre d'un club du parti ouvrier, pourvu qu'elle se conforme à la constitution et signe l'engagement fourni par le bureau de direction ; qu'elle soit aussi qualifiée et admise par les deux-tiers des membres présents à toute assemblée régulière des clubs ouvriers.

4.— Chaque aspirant dans les différents clubs devra payer une contribution de 25 cents par année pour se procurer un fonds électoral qui devra être déposé entre les mains du trésorier du bureau général. Adopté.

5.— De Moi, ... m'engage solennellement et sincèrement sur ma parole et mon honneur, comme homme, que je me conformerai aux lois et aux réglements de ce parti et je remplirai, au meilleur de ma connaissance, les devoirs qui y sont attachés.

6.— Aucune personne ne pourra être candidat pour les élections municipales, provinciales ou fédérales, à moins d'avoir fait partie d'un club ou du comité général du parti ouvrier depuis au moins un an. Toutefois, telle candidature devra être approuvée par la majorité des membres ou des délégués réunis en assemblée régulière ou spéciale du comité général du parti ouvrier.

7.— Les fonds du parti ouvrier devront être déposés à la banque du gouvernement et aucun montant d'argent ne pourra y être retiré sans les signatures du président, du secrétaire et du trésorier. Une politique d'assurance devant être prise pour la sécurité du trésor.

8.— Les officiers des clubs seront : Un président, un vice-président, un secrétaire-archiviste, un secrétaire-trésorier et correspondant, ainsi qu'un bureau d'adminis-tration se composant desdits officiers et des délégués au comité général.

[Amendements à la constitution du Parti ouvrier. 1910]

L'article 1 − «Il est fondé un parti politique, sous le nom de «Parti Ouvrier», n'est pas modifié.

L'article 2 − est amendé comme suit : «Le but du «Parti Ouvrier» est de combattre toute politique contraire aux intérêts de la société en général et de la classe ouvrière, en particulier et de remplacer le système politique actuel, par un système d'économie politique, sociale et coopérative, plus conforme aux intérêts et au bien-être de tout le pays.»

[Les autres articles sont modifiés et rédigés comme suit] :

L'article 3 − Pour atteindre son but, le «Parti Ouvrier» fera tous ses efforts, pour obtenir une représentation proportionnelle, juste et équitable, dans le gouvernement fédéral, dans les gouvernements provinciaux, dans les Chambres, dans les Conseils municipaux, ainsi que dans toutes les commissions et comités où il est traité de l'intérêt public.

L'article 4 − Le parti ouvrier comprend les clubs politiques ouvriers, les organi-sations ouvrières et les conseils ouvriers de métiers tous affiliés à ce «parti».

L'article 5 − Nul ne pourra être élu membre d'un club ouvrier, à moins qu'il ne se conforme à la constitution : qu'il ne signe la déclaration fournie par le comité général, et que son application ne soit acceptée, en assemblée régulière, par les deux tiers des membres présents du club ouvrier, affilié au «Parti» dans lequel il désire entrer.

L'article 6− Nul ne pourra être membre de plus d'un club ouvrier.

[...]
La composition du comité général :

Les anciennes dispositions, sur ce chapitre, ont été, en partie maintenues; il a été ajouté qu'aucun délégué ne sera admis à siéger au sein de ce comité s'il n'a d'abord solennellement renoncé, à toute attache avec les anciens partis politiques, et s'il n'a signé une déclaration de principes proposée par la constitution du parti ouvrier.

L'article instituant un organisateur général est aboli, et un comité de propagande de cinq membres est établi avec mission de pousser avec activité l'œuvre indispensable de l'organisation.

Les assemblées auront lieu le premier dimanche de chaque mois, et commenceront à dix heures trente précises.

Pour le fonds électoral, chaque club ouvrier paiera une contribution de soixante-quinze cents, par membre en règle, au comité général.

De plus, tout membre du parti qui sera élu représentant d'un corps public : député, conseiller municipal, contrôleur, ou membre d'une commission publique et rémunérée, devra verser à la caisse du parti, sous forme de contribution, un pour cent de l'indemnité qui lui sera allouée pour ses fonctions électives.

Enfin, chaque club ouvrier sera libre d'imposer à ses membres la contribution qu'il voudra, à la condition que cette contribution ne soit pas moindre que cinq cents par mois, et par membre. [...]

La Presse, 9 décembre 1904, 17 et 23 octobre 1910.

7. UNE CONFÉRENCE SUR LE SOCIALISME À SAINT-HYACINTHE
janvier 1905

Le 19 décembre 1904 était fondé, par le comité général du Parti ouvrier, le Club national ouvrier de Saint-Hyacinthe. Dans le but de faire connaître les objectifs du PO, le club ouvrier organise une série de conférences où sont invités à prendre la parole les leaders du Parti ouvrier. Le 21 janvier 1905, était donnée par Achille Latreille (président du CMTM) et Albert Saint-Martin (secrétaire-archiviste du PO) une conférence sur l'économie politique.

Nous reproduisons ici des extraits de comptes rendus du discours de Saint-Martin ; celui du journal *la Tribune* exprime une nette désapprobation. Il est à noter qu'A. Saint-Martin sera de nouveau invité à prendre la parole au Club national ouvrier sur la question scolaire le 25 février 1905.

      M. Saint-Martin a donné une vue d'ensemble sur l'histoire de la question sociale ; il a fait voir l'évolution de la société depuis son origine jusqu'à nos jours et il a levé un coin de voile sur le futur de la marche au progrès [...]
      Un nombre de plus en plus considérable de personnes se rendent aux conférences qui sont données au Club Ouvrier. Ceci prouve que notre population s'intéresse de plus en plus aux questions politiques, tant mieux.

L'Union, Saint-Hyacinthe, 24 janvier 1905.

Chronique Locale

      Nous avons à Saint-Hyacinthe une classe ouvrière qui cherche à s'instruire. Un club s'est constitué parmi elle qui se charge de lui faire donner des conférences régulières sur des questions qui l'intéressent. L'économie politique en est le thème habituel.

C'est une science absolument nécessaire et il serait à souhaiter que tout citoyen en possédât l'exacte notion. Il n'en est peut-être pas, d'un autre côté, qui soit plus diversement comprise et plus discutée. Les systèmes que l'on prétend déduire de ses principes sont nombreux [...]

L'erreur en cette matière est donc plutôt fréquente. Elle est plutôt insignifiante et il serai oiseux de s'en préoccuper. D'autres fois, malheureusement, elle se présente sous la forme d'une fausse doctrine complètement formulée et dont l'effet subversif est facile à prévoir.

C'est ce qui a eu lieu samedi soir, à la séance publique du club National Ouvrier.

Un orateur de Montréal a tout simplement fait l'éloge du socialisme outré.

Je veux bien croire que son enseignement demeurera infructueux et qu'il coulera encore beaucoup d'eau dans l'Yamaska avant que nous voyions nos braves ouvriers de Saint-Hyacinthe, coiffés du bonnet rouge, s'installer aux fauteuils de nos édiles détronés et décréter, au bruit d'une fusillade qui serait comme le tonnerre du Mont Sinaï, le code nouveau d'une constitution selon le rêve socialiste. Il n'est sans doute pas un seul auditeur qui ait gobé de ce premier coup l'admirable théorie. Et si nous en relevons la fausseté, c'est autant, croyons-nous, pour protester au nom des ouvriers eux-mêmes. On nous l'a présentée, en effet, comme le programme du parti ouvrier et c'est faux.

Si elle en est le programme caché, celui que quelques-uns des meneurs voudraient voir adopter, elle n'est certainement pas le programme officiel du Club, celui pour la réalisation duquel les ouvriers s'enrôlent de bonne foi. Ce dernier contient des mesures radicales, mais qui sont au moins inspirées par un désir de progrès réel. Il ne nie point les principes de la constitution libérale qui nous régit actuellement et son adoption peut s'effectuer sans révolution ou autre bouleversement social.

M. Latreille a exposé deux des principaux articles du vrai programme ouvrier et nous avons pu constater combien ses idées différaient de celles de son prédécesseur. Il y a la différence de l'utopie au progrès, de l'absurde au pratique.

Que d'idées l'on se fait et comme chacun a les siennes. Certains ne peuvent croire à l'existence d'un lieu de parfaite jouissance qui serait le séjour et l'œuvre d'un Dieu, tandis que d'autres croient à la possibilité d'un état social absolument parfait et qui serait l'œuvre des hommes.

Supposez une île, dit l'orateur. — une montagne ferait aussi bien, sans doute ; il s'agit seulement d'isoler le tableau imaginaire qu'on nous présente. — Un enfant vient au monde — Il arrive absolument nu et pauvre, encore plus que sous notre régime, parce que ses parents qui n'ont droit de posséder aucune richesse n'ont pu lui en léguer. Comme ceux-ci ont travaillé pour l'État sans recevoir jamais plus que leur subsistance journalière, leur patron est obligé à l'éducation de leur progéniture.

L'enfant reçoit donc sa subvention régulière : cinq cents par jour la première année, dix cents la seconde, quinze cents la troisième, et ainsi de suite jusqu'à l'âge de 20 ans. Il cesse alors d'être pensionnaire de l'État et doit en devenir membre actif. Qu'il se choisisse donc un travail. — Nous avions oublié de dire que l'État lui a fait donner une instruction générale complète qui lui permet d'aspirer au poste de premier ministre comme à celui de concasseur de pierres, à son goût.

— S'il choisit un labeur pénible, on lui en facilite l'exécution par la diminution des heures de travail. Chaque journée accomplie lui est créditée dans un livret qui est comme son livre de banque et qui lui permet d'aller s'approvisionner aux magasins de l'État. Ce livre-monnaie n'est pas transférable. Si un citoyen ne réussit pas à manger tout son salaire avant de mourir, il n'a pas la consolation de le laisser en héritage à ses neveux. L'État sera l'héritier légal de tous les «oncles d'Amérique.» [...]

À première audition, ce plan de société apparaît éminemment juste et humanitaire. Il flatte tellement nos deux péchés les plus capitaux : l'envie et l'orgueil. Pour admettre instinctivement le droit de propriété, il faut en effet considérer un plus pauvre que soi. Par malheur nos regards se portent plutôt sur ceux qui sont plus fortunés que nous et nous sommes portés à croire qu'ils sont l'objet d'un favoritisme injuste. Le système qui décrète l'égalité des conditions sociales est aussi de nature à soulager quelque peu l'espèce de sensation jalouse que nous cause le succès du prochain, comme si pour s'élever, il nous montait nécessairement sur le dos.

Le socialisme a l'air d'un remède efficace. Mais, à la première analyse qu'on en veut faire, on constate que c'est un remède de charlatan.

C'est par centaines que se chiffrent les objections sérieuses. L'adoption en est impossible, et par miracle réussirait-on, son fonctionnement exigerait la répétition constante d'un autre miracle non moins extraordinaire [...]

Le socialisme pose encore en principe que les hommes ont droit à un bonheur égal du fait de leur nature même et que leur supériorité physique ou intellectuelle ne saurait leur mériter aucun avantage. Égalité absolue des conditions.

Mais alors les administrateurs de la chose publique ne feront-ils pas un peu exception ? Admettons qu'ils se contentent de la même richesse modérée que le reste du peuple. Il n'en restera pas moins que le fait d'avoir été élus par celui-ci leur constituera un honneur. C'est un bien temporel très apprécié en général, dont ils jouiront à l'exclusion de d'autres et que leur supériorité intellectuelle leur aura mérité. Une brèche donc au principe sacré de l'égalité des conditions.

À moins qu'on adopte un système analogue à la pratique de certaines paroisses où l'on paraît s'entendre pour élire conseiller municipal chacun des électeurs à son tour. On tient à ce que tout le monde y passe, pour qu'il n'y ait pas de jaloux.[...]

Le socialisme est une erreur tellement absurde en elle même que c'est perdre son temps à vouloir la réfuter au moyen des principes qu'elle nie et qui sont cependant faciles à établir. Pour des ouvriers catholiques, comme le sont la plupart à Saint-Hyacinthe, il suffirait de rappeler que c'est une hérésie condamnée par l'Église, mais en le considérant dans ses divers détails, il est non moins facile de démontrer — et beaucoup plus amusant — que c'est aussi une hérésie contre le pur bon sens.[...]

Notre Club National Ouvrier n'a guère été servi à souhait s'il désire réellement se renseigner en matière d'économie politique. Qu'il nous soit permis de déplorer, à ce propos, que les gens qui seraient plus en état de rendre ce service à nos ouvriers, s'en soucient aussi peu. Nous voyons par les journaux qu'il existe à Montréal une Société d'Économie Sociale et dont font partie des hommes certainement très renseignés en la matière. Donnent-ils assez souvent des conférences ?

La vérité ne saurait triompher de l'erreur que si elle rivalise avec un zèle égal pour se propager. Les ouvriers s'agitent. Ils veulent que leurs droits soient définis. Les économistes compétents ont le devoir de les diriger et ne doivent pas laisser le premier venu — bien intentionné parfois mais pas plus apte pour cela — s'arroger cette mission.

Ernest Lafortune

La Tribune, Saint-Hyacinthe, 27 janvier 1905.

8. LE PARTI OUVRIER VU PAR ARTHUR SAINT-PIERRE
octobre 1910

En 1911, un groupe de catholiques de Montréal lance l'École sociale populaire, dont le but est de vulgariser auprès de la population et plus particulièrement des ouvriers, la doctrine sociale de l'Église. Arthur Saint-Pierre, qui est l'un des fondateurs de l'École, publie dès 1911 un texte sur *l'Organisation ouvrière dans la province de Québec*. Le sixième chapitre de la brochure est consacré au Parti ouvrier et plus précisément à son fonctionnement[1].

Le parti ouvrier de Montréal doit son existence à un groupe de dirigeants des syndicats internationaux, groupe dont faisaient alors partie (en 1896) feu J.-A. Rodier et M. Albert Saint-Martin, actuellement chef de la section française du parti socialiste.

Son but «est de combattre toute politique adverse aux intérêts de la société et des travailleurs, *et de remplacer le système politique actuel, par une forme de gouvernement sociale et coopérative* (?) pour le bien de tout le pays.»[2]

«Il se compose des clubs affiliés, du Conseil des Métiers et du Travail, et des Unions ouvrières affiliées.»[3]

«Le Parti est régi par un Comité général se composant des délégués élus par les clubs affiliés, les unions ouvrières affiliées et le Conseil des Métiers et du Travail.»[4] [...]

Il n'a pas de président, cette charge lui paraissant trop honorifique, et incompatible avec ses principes égalitaires. Ce n'est pas là, il est vrai, l'avis de tous les

---

1. Tous les passages soulignés dans ce chapitre l'ont été par A. Saint-Pierre.
2. Constitution revisée, art. 2. «Les articles de cette constitution publiés par *la Presse* des 17, 24, 31, octobre 1910, diffèrent sensiblement, surtout quant à la phraséologie, du texte officiel que j'ai en ma possession et que je cite.» [Cette note et les suivantes sont de A. Saint-Pierre.]
3. *Ibid.* art. 4.
4. *Ibid.* art. 6.

membres, et cette année encore, quelques-uns d'entre eux, moins farouchement démocrates que les autres, ont proposé d'amender la constitution sur ce point ; mais leurs efforts n'ont obtenu aucun succès. Les officiers du parti ouvrier sont : «un secrétaire, un assistant-secrétaire, un secrétaire-financier, un trésorier et un *agent de littérature*.»[5]

«Tout club aura droit à 2 délégués au Comité général pour 10 membres en règle et 5 délégués pour 25 membres ou plus dont la taxe aura été payée» aux dates fixées.

«Toute union affiliée sera représentée au Comité général par un délégué pour moins de 100 membres ; deux délégués pour 100 membres et moins de 200 ; et un délégué pour chaque 100 membres additionnel, ou fraction de pas moins de 75.»

«Le Conseil des Métiers et du Travail sera représenté par 10 délégués.»[6]

Avant tout commentaire, voyons les réglements concernant la fondation des clubs et l'admission des membres dans ces clubs.

«Aucune personne ne sera éligible comme membre du Parti Ouvrier à moins qu'elle ne se conforme à la constitution, signe la déclaration de principes du Parti, et qu'elle soit acceptée par un vote des deux tiers des membres présents à une assemblée régulière d'un club affilié.»

«Aucun membre ne peut faire partie de plus d'un club.»[7]

«Il ne pourra être formé plus d'un club ouvrier dans une circonscription électorale municipale de Montréal[8] et pas plus d'un club dans chaque autre municipalité, sans l'autorisation du Comité général.»

«Aucune personne ne pourra être admise membre d'un club avant d'avoir atteint l'âge de 18 ans.»[9]

Et c'est tout, on chercherait en vain dans toute la constitution du Parti Ouvrier une autre clause restrictive quant à la fondation des clubs ou à l'admission des membres.

Or, l'étude des articles que je viens de citer révèle : 1° qu'un club ouvrier de dix membres a droit à autant de délégués au Comité général, qu'un syndicat qui en a plus de cent et moins de deux cents ; et qu'un tel club qui a vingt-cinq membres a droit à autant de délégués qu'un syndicat qui en a près de cinq cents ; 2° que pour faire partie d'un club ouvrier, il n'est pas nécessaire d'être sujet britannique ni d'habiter la circonscription électorale où le club est fondé. De sorte que, un immigré de fraîche date, russe, allemand, anglais, français, polonais ou juif, ne fût-il qu'un misérable rebut de vieilles sociétés européennes comme il nous en vient tant pour

---

5. *Ibid.* art. 6, section B.
6. *Ibid.* art. 6, section A.
7. *Ibid.* art. 5, section A et B.
8. Il y a actuellement 31 de ces circonscriptions. [En 1911.]
9. *Ibid.* art. 9, premier et dernier paragraphes.

notre malheur, peut entrer dans un de ces clubs, ou même en fonder un avec des éléments semblables à lui, si bon lui semble. Ce n'est pas la déclaration de principes exigée par le Parti Ouvrier qui serait de nature à le détourner de ce projet ; la voici : «Après avoir pris connaissance de la constitution et du programme du Parti Ouvrier, je m'engage solennellement sur ma parole et mon honneur comme homme (*sic*) que je me conformerai aux lois et règlements de ce parti, que je remplirai, au meilleur de ma connaissance, les devoirs qui y sont attachés, de plus je déclare ne pas (*re sic*) appartenir à aucun autre parti politique.»[10]

C'est-à-dire — et la conclusion est d'une rigoureuse logique — que, d'après ses propres règlements, le Parti Ouvrier annihile l'influence des syndicats puissants qui lui sont affiliés, par celle de clubs sans aucune importance numérique, qui peuvent bien être composés de braves gens, mais aussi de tout le contraire. C'est-à-dire en dernière analyse — et cette conclusion est également inattaquable — que le Parti Ouvrier est à la merci des démagogues de toute race qui voudront s'en emparer ; et que ces démagogues pourront s'en sortir pour répandre les pires doctrines et perpétrer les pires attentats, *malgré et au nom* de l'immense majorité des ouvriers syndiqués réduits à l'impuissance. Que les membres des syndicats affiliés au Parti Ouvrier y réfléchissent sérieusement, la question en vaut la peine.

L'Organisation ouvrière dans la province de Québec, Montréal, École sociale populaire, n° 2,1911.

---

10. Formule d'obligation, qui fait suite à la constitution revisée.

9. *VOX POPULI*
23 décembre 1905

Le 23 décembre 1905 est publié pour la première fois le *Vox Populi*, organe officiel du Conseil des métiers et du travail de Montréal (CMTM). Gustave Francq, alors délégué de l'Union typographique Jacques-Cartier au CMTM et depuis le 23 septembre, vice-président du Comité exécutif de la province de Québec du Congrès des métiers et du travail du Canada (CMTC) en assure la direction. Le journal est imprimé à l'atelier de Francq, la Mercantile Printing, et il le sera jusqu'à sa disparition en juillet 1906. Il faudra attendre la publication du journal *le Monde ouvrier* en 1916 pour que le CMTM soit doté d'un journal officiel permanent. Encore une fois, ce sera l'œuvre de Gustave Francq.

NOTRE PROGRAMME

Le VOX POPULI paraît aujourd'hui pour la première fois, et pour la première fois également paraît un journal franchement ouvrier, reconnu comme l'organe officiel du Conseil Fédéré des Métiers et du Travail de Montréal.

Comme son nom l'indique le VOX POPULI s'efforcera d'être la véritable voix du peuple ; voix criant aux puissants de ce monde que les ouvriers veulent se faire écouter et obtenir leurs justes revendications ; voix criant au Capital qu'ils demandent une juste rémunération de leur travail, qui forme la fortune publique ; voix criant aux travailleurs de toute classe, de toute croyance et de toute race, qu'ils ont des droits à faire respecter, mais aussi des devoirs à remplir, devoirs envers leur pays, leurs patrons et leurs frères.

La politique du «Vox Populi» ne sera pas nécessairement une politique de combat, ni une politique de parti, encore moins une politique aveugle donnant toujours tort au capital et toujours raison au travail ; nous ferons tous nos efforts enfin pour suivre une politique de raison et de patriotisme, ayant toujours en vue le bien des ouvriers et la grandeur de notre beau pays, nous travaillerons de toutes nos forces à cimenter l'harmonie et l'accord entre le patronat et le travail, sans pour cela verser dans une prudence timorée ou dans des excès de socialisme outré.

Comprenant enfin le grand rôle que peut jouer un organe édité par des ouvriers pour le bénéfice des ouvriers, nous nous ferons un devoir de calmer les luttes intestines qui divisent malheureusement quelquefois la classe ouvrière, nous basant toujours sur la devise qui fera notre force : «Tous pour un, un pour tous ! »

En un mot, nous pouvons affirmer que la conduite du «Vox Populi» sera saine et raisonnée pleine de calme et de raison.

Nous déclarons franchement que si une certaine partie de la population croit voir en un journal ouvrier un organe à tendances anti-religieuses, elle se trompe grandement, car en fidèles enfants de l'Église, nous faisons d'avance pleine et entière soumission aux avis, conseils et ordonnances que pourrait nous faire l'autorité ecclésiastique ; nous rappelant le grand et noble rôle joué par le clergé dans notre pays, nous le seconderons de toutes nos humbles forces dans son travail de moralisation du peuple ; nous réservant nos droits de citoyen dans toutes les questions publiques ou politiques ; nous ferons une guerre loyale mais énergique en toutes circonstances à ceux qui ne voient dans la classe des travailleurs que des parias gagnant toujours trop et ne peinant jamais assez.

Nous défendrons avec toute l'opiniatreté et le courage possible les revendications ouvrières, l'abolition d'abus et d'injustices criantes, sans trève, ni merci, nous poursuivrons nos adversaires sur n'importe quel terrain, municipal, provincial ou fédéral, et tous nos efforts tendront à faire de la classe ouvrière une classe respectée et libre, égale au capital par la richesse qu'elle engendre, et dans ce but nous déclarons adopter et lutter pour la plate-forme de principes adoptée par le Congrès des Métiers et du Travail du Canada, que nous reproduisons ci-dessous :

1. Instruction gratuite et obligatoire.

2. Jour ouvrier légal de huit heures, et six jours par semaine.

3. Inspection de toutes les industries par le gouvernement.

4. Abolition du système de contrats pour toutes entreprises publiques.

5. Minimum de gages assurant la subsistance basés sur les conditions locales.

6. Propriété publique de tous travaux publics, tels que chemins de fer, télégraphes, aqueducs, systèmes d'éclairage, etc.

7. Réforme de la taxation, en diminuant les taxes imposées sur les industries et en augmentant celles imposées sur les propriétés foncières.

8. Abolition du Sénat du Canada.

9. Exclusion des Chinois.

10.   L'étiquette de l'Union devant être placée sur tous les articles fabriqués si la chose est possible, et sur toutes les fournitures de l'État et des municipalités.

11.   Abolition du travail pour les enfants au-dessous de quatorze ans, et pour les femmes dans toutes les branches d'industries, telles que mines, ateliers, fabriques.

12.   Abolition du cens d'éligibilité basé sur la propriété pour toutes les charges publiques.

13.   Décision par voie d'arbitrage volontaire des différends ouvriers.

14.   Représentation proportionnelle des circonscriptions électorales réunies et abolition des arrondissements municipaux.

15.   Législation directe par l'initiative et le referendum.

16.   Interdiction du travail des prisonniers en concurrence avec le travail libre.

Vox Populi, 23 décembre 1905.

10. MONSEIGNEUR BRUCHÉSI ET LE SOCIALISME
29 avril 1907

La manifestation du Premier mai, tenue à Montréal pour la première fois en 1906, avait suscité des remous. Celle de l'année suivante en fait autant. Déjà désapprouvé par le Conseil des métiers et du travail de Montréal en novembre 1906, le projet de manifestation des socialistes voit l'opposition grandir à l'approche du 1er mai. Policiers, échevins, étudiants de l'Université Laval pressent le Conseil de ville d'interdire la manifestation. Le 29 avril, c'est au tour de Mgr Bruchési, l'archevêque de Montréal, de lancer un appel «aux amis de l'ordre» pour «conjurer le mal». Il demande aux ouvriers catholiques de s'abstenir d'y participer. Le 1er mai, après s'être vu refuser le droit de défiler, après avoir cherché en vain une salle de réunion, les socialistes doivent faire face à une attaque des policiers et des étudiants de Laval venus mettre fin à leur assemblée du Champ-de-Mars. Albert Saint-Martin, jusque-là membre du Parti ouvrier, en est exclu pour sa participation à l'organisation de la manifestation.

APPEL DE Mgr BRUCHÉSI

Des hommes qui se proclament socialistes, non contents d'affirmer par la parole ou par la plume des principes subversifs de l'ordre établi, ont fait l'année dernière, le premier mai, dans les rues de Montréal, une démonstration dont notre population garde un très pénible souvenir. Ils ont paradé, drapeau rouge en tête, et de leurs rangs sont parties des injures à l'adresse de l'Église et de la religion.

Ces injures sont simplement méprisables et nous ne voulons pas leur donner plus d'importance qu'elles en ont : mais nous ne pouvons nous empêcher de remarquer que nous avons été alors en présence d'un incident très disgracieux qui aurait pu avoir les plus graves conséquences.

Nous observerons surtout qu'il y avait là l'affirmation de doctrines fausses, dangereuses et formellement condamnées par l'Église, comme par la raison et l'expérience des siècles. En effet le droit de propriété privée est une des bases sur lesquelles la société repose. Or c'est précisément ce droit de propriété privée que le socialisme combat. Bien plus, il veut montrer dans la propriété la cause de toutes les injustices et de tous les crimes, et par là il souffle au cœur des masses des sentiments d'envie, de haine et de vengeance capables d'engendrer les plus déplorables désordres.

Grâce à Dieu les partisans de ces funestes utopies ne sont pas encore nombreux parmi nous, mais il s'efforcent par tous les moyens de faire école et d'attirer à eux les ouvriers. C'est notre devoir de les dénoncer et de mettre le peuple en garde contre leurs enseignements et contre le zèle qu'ils déploient pour faire des recrues.

Les voilà qui provoquent des discussions publiques et ils annoncent bruyamment que dans quelques jours ils renouvelleront, en même temps que leurs amis d'Europe, leur démonstration de l'année dernière.

Nos très chers frères, nous voyons là un danger sérieux, et puisque la première autorité civile de Montréal, interpellée à cette occasion par des citoyens et par la vaillante jeunesse de notre Université, a reconnu qu'elle avait un devoir à remplir et a promis qu'elle n'y faillirait pas, nous sentons que nous avons, nous, au nom de l'Église dont nous sommes chargé, de faire respecter la doctrine et les lois, l'obligation de protester contre ce désordre social que l'on médite.

Les ouvriers le savent ; ils peuvent compter sur notre dévouement et notre affection la plus sincère. Nous voulons que partout on les traite avec justice, et qu'on leur donne le salaire auquel ils ont droit. Nous sommes prêts à les protéger et à les défendre chaque fois que leur labeur ne sera pas apprécié et récompensé comme il convient.

Donneront-ils jamais un spectacle plus beau que celui des premiers jours de septembre, dans cette fête maintenant établie parmi nous, et appelée la fête du travail chrétien, alors qu'au nombre de douze et quinze mille, réunis sous les voûtes de Notre-Dame, ils font leur profession de foi catholique et implorent d'une commune voix sur leur travail quotidien les bénédictions du Christ ouvrier ?

Mais aller dans les rues, à la suite de ce drapeau reconnu aujourd'hui partout comme le triste symbole des idées révolutionnaires et anarchiques, s'insurger contre ce qui garantit l'ordre et la paix publics, déclarer la guerre aux décisions augustes et aux sages directions de l'Église, semer sur le chemin ou dans des réunions tumultueuses, des germes de discorde et de trouble, cela n'est pas chrétien, cela n'est pas patriotique, cela n'est pas canadien, et avant que le mal ne devienne trop grave nous voulons faire tous nos efforts pour le conjurer. Que tous les amis de l'ordre nous prêtent leur concours.

[...]

PAUL
Arch. de Montréal.

La Presse,   29 avril 1907.

11. DÉCLARATION DE PRINCIPES DU PARTI SOCIALISTE DU CANADA

12 janvier 1902

Au deuxième congrès annuel du Parti socialiste de Colombie britannique (réunissant des locaux provinciaux de la Ligue socialiste canadienne, du Parti socialiste ouvrier et du Parti socialiste ouvrier uni) tenu à l'automne 1902, se réalise l'unité des forces socialistes de Colombie britannique. Le programme initial du Parti socialiste de Colombie britannique — le même que celui du Parti socialiste américain — abandonné pour son réformisme, est remplacé par une courte plate-forme qui exclut toute demande immédiate, et énonce des principes généraux d'un programme de la classe ouvrière révolutionnaire du monde entier. En décembre 1904, quand les membres du PSCB changent le nom de leur organisation en Parti socialiste du Canada et nomment des organisateurs permanents chargés de créer des cellules du parti dans toutes les provinces du Canada, ils conservent cette déclaration de principes.

PLATFORM OF THE SOCIALIST PARTY OF CANADA

We, the Socialist Party of Canada, in convention assembled, affirm our allegiance to, and support of the principles and programme of the revolutionary working class.

Labor produces all wealth, and to the producers it should belong. The present economic system is based upon capitalist ownership of the means of production, consequently all the products of labor belong to the capitalist class. The capitalist is therefore master ; the worker a slave.

So long as the capitalist class remains in possession of the reins of government all the powers of the State will be used to protect and defend their property rights in the means of wealth production and their control of the product of labor.

The capitalist system gives to the capitalist an ever-swelling stream of profits, and to the worker an ever increasing measure of misery and degradation.

The interest of the working class lies in the direction of setting itself free from capitalist exploitation by the abolition of the wage system under which is cloaked the robbery of the working class at the point of production. To accomplish this necessitates the transformation of capitalist property in the means of wealth production into collective or working-class property.

The irrepressible conflict of interest between the capitalist and the worker is rapidly culminating in a struggle for possession of the power of government — the capitalist to hold, the worker to secure it by political action. This is the class struggle.

Therefore, we call upon all workers to organize under the banner of the Socialist Party of Canada with the object of conquering the public powers for the purpose of setting up and enforcing the economic programme of the working class, as follows :

1.   The transformation, as rapidly as possible, of capitalist property in the means of wealth production (natural resources, factories, mills, railroads, etc.) into the collective property of the working class.

2.   The democratic organization and management of industry by the workers.

3.   The establishment, as speedily as possible, of production for use instead of production for profit.

The Socialist Party, when in office, shall always and every where until the present system is abolished, make the answer to this question its guiding rule of conduct : Will this legislation advance the interests of the working class and aid the workers in their class struggle against capitalism ? If it will the Socialist Party is for it ; if it will not, the Socialist Party is absolutely opposed to it.

In accordance with this principle the Socialist Party pledges itself to conduct all the public affairs placed in its hands in such a manner as to promote the interests of the working class alone.

Cotton's Weekly, 12 janvier 1909.

12. À LA COMMISSION ROYALE D'ENQUÊTE SUR L'ÉDUCATION
14 mai 1911

Le 21 décembre 1909 le Parti ouvrier dépose un mémoire devant la Commission royale d'enquête sur l'éducation. Le mémoire est présenté par Alphonse Verville (député ouvrier de la circonscription de Maisonneuve, au fédéral), Gustave Francq (vice-président du Conseil des métiers et du travail du Canada) et Narcisse Arcand (organisateur de la Fraternité des charpentiers-menuisiers). Le mémoire reprend les principales revendications du Parti ouvrier sur la question scolaire, soit l'instauration d'une seule commission scolaire sur l'Île de Montréal, l'uniformisation et la gratuité des manuels scolaires, l'instruction obligatoire et la création d'un ministère de l'Éducation.

MÉMOIRE DU PARTI OUVRIER

Nous avons l'honneur de déposer devant cette commission, au nom du Parti Ouvrier qui a pris délibération sur les différents sujets y contenus le mémoire suivant :

Le Parti ouvrier, représentant 20,000 membres en activité, croit devoir dans l'intérêt des classes ouvrières et des familles pauvres réclamer la création d'une commission scolaire unique pour Montréal et la banlieue, car cette réforme comporte la solution naturelle d'une question qui touche de très près, tous les pères de famille, savoir : les livres de classe.

L'article 215 du Code Scolaire impose actuellement l'uniformité des livres dans toutes les écoles régies par une même commission scolaire, ce qui signifie que si nous avions une seule commission scolaire à Montréal, la question de l'uniformité des livres se trouverait réglée d'elle-même, et nous aurions alors l'immense avantage de pouvoir avoir ce que nous réclamons depuis si longtemps : des livres à bon marché. Puis, l'on mettrait fin ainsi, automatiquement, à l'achat de livres inutiles, chaque fois qu'il arrive à un père de famille de changer de quartier.

En outre, l'organisation d'une commission scolaire unique, déterminerait l'abolition de ce règlement de la commission scolaire de Montréal, qui impose une rétribution mensuelle de 50 cents aux enfants habitant son territoire et une rétribution de $2.00 aux enfants habitant hors de son territoire. Ce règlement est vexatoire, injuste et dommageable à la cause de l'instruction publique.

Vous comprenez combien nous intéresse cette question de commissions scolaires puisque cette réforme principale entraînerait avec elle la réalisation des réformes non moins importantes et auxquelles nous tenons beaucoup.

Nous tenons à déclarer ici, au nom des 20,000 ouvriers qui composent notre parti, combien nous nous intéressons à la cause de l'instruction publique et combien nous apprécions les immenses services qu'une bonne école peut rendre à nos enfants.

Dans un grand centre industriel et ouvrier comme Montréal, nous devrions avoir l'instruction gratuite.

Aux États-Unis, dans les États du Connecticut, Delaware, Maine, Massachussetts, Michigan, Minnesota, New Jersey, Rhode-Island, Vermont, etc, les livres de classe sont fournis gratuitement aux enfants d'école ; dans quelques autres états, ils sont vendus au prix coûtant.

En France, dans un très grand nombre de municipalités, les livres sont achetés par la municipalité qui les prête aux élèves.

En Suisse, dans la plupart des cantons, les fournitures scolaires sont remises gratuitement aux élèves.

En Belgique, en vertu de l'article 3 de la loi organique de l'instruction publique, la gratuité scolaire existe pour l'enseignement primaire dans la presque totalité des communes.

Dans les provinces anglaises de notre Confédération Canadienne, on a résolu le problème des livres, en adoptant une série uniforme de livres que l'on fait imprimer à grand tirage et que l'on vend présentement au prix coûtant. C'est ce qui fait que les 5 livres de lecture qui se vendaient $1.20, dans la province d'Ontario, se vendent actuellement pour 35 cents. Le prix des cahiers d'écriture, de dessin, et autres livres de classe a été réduit dans la même proportion.

Au nom des familles pauvres et nombreuses que nous représentons et dont la vie est faite de travail pénible, incessant, et de sacrifices de tous genres, nous vous demandons de nous donner l'instruction gratuite. Et si cela est impossible pour le moment, du moins nous réclamons une instruction meilleure et à meilleur marché.

Dans les classes aisées composées des capitalistes, des industriels, des financiers, des négociants, la question de la rétribution mensuelle et de l'uniformité des livres est virtuellement une question sans importance, parce que tous ces gens ont les moyens de faire donner à leurs fils et à leurs filles l'instruction qu'il leur plaît, dans les institutions qui leur conviennent. Mais l'ouvrier, le journalier, le père de famille pauvre qui a presque toujours une famille nombreuse, qui gagne péniblement son pain de chaque jour et dont le salaire ne suffit pas souvent pour payer le loyer, la nourriture, les vêtements, les frais de médecins, etc., qui composent son budget inévitable, n'a pas toujours l'argent nécessaire pour acheter les livres que l'on paie très cher et pour payer une rétribution mensuelle excessive.

Pourquoi n'aurions-nous pas des livres à bon marché comme on en a aujourd'hui dans la province d'Ontario ?

Pourquoi n'aurions-nous pas l'instruction gratuite ?

Tous les pays en progrès répandent l'instruction à pleines mains dans toutes les couches de la société.

Ce qui importe avant tout et par-dessus tout aux classes ouvrières et pauvres, c'est l'école primaire, et les pouvoirs publics devraient rendre aussi facile que possible l'accès à cette école primaire. Le capital d'un fils de famille pauvre consiste généralement dans le peu d'instruction qu'il a reçu à l'école. Votre commission comprendra par là combien nous avons mission de réclamer la réforme plus haut mentionnée.

Ceux qui portent le plus haut intérêt à la question de l'instruction publique, dans la province de Québec, ce sont probablement les ouvriers parce que ce sont eux qui souffrent le plus de l'insuffisance de l'instruction ; c'est parce qu'ils ont manqué d'instruction, dans le passé, que toutes les meilleures situations pour l'industrie ont été remplies par des ouvriers venus de l'étranger.

Pour nous, cette question de réformes scolaires n'est pas une question religieuse, mais uniquement une question nationale.

C'est pourquoi nous réclamons la création d'une commission scolaire unique élue par le vote populaire et, en tête de toutes les réformes, nous réclamons la création d'un ministère de l'instruction publique, à Québec. C'est, suivant l'avis des ouvriers, le remède infaillible à l'apathie que l'on trouve partout et c'est le moyen le plus pratique pour mettre le gouvernement et le parlement en contact direct avec le peuple, sur la question de l'instruction.

Nous voulons un ministère d'éducation tout en réclamant le maintien du Conseil de l'Instruction Publique actuel qui pourra exercer ses hautes fonctions morales et la surveillance des intérêts religieux qui lui sont confiés.

Il est de la plus haute importance que des réformes soient accomplies sous le plus bref délai, car l'élément canadien-français est en train de perdre une part de son influence et de sa prépondérance dans la province de Québec même, pour n'avoir pas été armé suffisamment pour les luttes quotidiennes de la vie.

Tout observateur impartial est forcé de reconnaître que la population canadienne-française malgré ses talents naturels, son énergie au travail, son ambition et ses efforts de tous genres, est reléguée au second et troisième plans, dans la Confédération.

Dans la haute finance, dans la grande industrie, dans les grandes administrations de chemins de fer et de navigation, dans les grandes compagnies de services publics, telles que compagnies d'éclairage, compagnies de tramways, etc., le Canadien-Français n'existe virtuellement point. Nous trouvons les nôtres dans les petits magasins, dans les métiers durs et pénibles, dans les situations les moins élevées et partout où les salaires sont dérisoires.

La province de Québec aussi est le seul pays au monde où l'on confie l'instruction des enfants à des institutrices, lesquelles ont des salaires de $7 et $8 par mois.

L'école, telle qu'elle existe actuellement est une cause de faiblesse, pour la province de Québec.

L'école, telle qu'elle devrait exister, serait un instrument de relèvement et de force entre les mains des canadiens-français.

Le Pays, 14 mai 1911.

13. L'OUVRIER ET L'INSTRUCTION PUBLIQUE

14 janvier 1911

Depuis que le Parti ouvrier a été réorganisé à Montréal, à la fin de 1904, l'instruction gratuite et obligatoire, la gratuité des livres scolaires ou sinon, leur uniformité, et la démocratisation du système scolaire sur l'Île de Montréal figurent parmi les revendications politiques les plus souvent mises de l'avant par les ouvriers syndiqués de Montréal jusqu'en 1912. Une commission d'enquête sur l'instruction publique ayant été créée en 1909, dans les deux années qui suivent, les principales organisations ouvrières de Montréal : syndicats de métier, CMTM, clubs ouvriers et Parti ouvrier mènent une grande campagne d'agitation publique pour appuyer des réformes qui apparaissent d'ailleurs au programme des libéraux du Québec mais que ceux-ci craignent manifestement de réaliser de peur de s'aliéner définitivement l'appui du tout-puissant clergé du Québec.

Pour sa part, le journal *le Pays*, qui est en quelque sorte le porte-parole de l'aile gauche dissidente du Parti libéral du Québec, donne son appui entier au programme des ouvriers qui, selon lui, représentent l'élément le plus progressiste de la population canadienne-française du Québec.

Monsieur le rédacteur,

Je ne sais pas quel cas on a fait de l'humble supplique que je faisais au Premier Ministre, par l'intermédiaire du «Pays», mais j'ai pu constater depuis, que les ouvriers de Montréal sont plus nombreux que vous ne croyez, qui se plaignent du gouvernement.

Et si je vous écris aujourd'hui ce n'est que pour vous donner une foule d'autres considérations que j'ai entendu faire dans nos réunions.

Ainsi l'on se plaint que les ouvriers ont été systématiquement ignorés dans notre province.

Nous n'avons pas de représentants au Conseil de l'Instruction Publique, ni à la Commission Scolaire de Montréal. Il n'y a pas non plus de député ouvrier à la législature, ni d'échevin au conseil municipal.

Pourtant ce sont les quatre corps publics les plus importants pour nous. Ce sont ceux qui prennent le meilleur de notre argent.

Nos enfants sont la majorité dans les écoles de Montréal. Nous avons raison de nous dire les premiers intéressés. Et l'on a l'air de ne pas en tenir compte.

Les ouvriers réclament un ou deux sièges au Conseil de l'Instruction Publique ; et ses membres, laïques ou ecclésiastiques pourraient ainsi savoir ce que ça coûte aux pauvres gens de faire instruire leurs enfants, avec le système actuel. Ils apprendraient que la réforme qu'il nous faut est encore celle qu'on nous a promise il y a si longtemps.

Il n'y en a pas beaucoup qui sont instruits parmi les ouvriers, mais c'est pas nécessaire d'être avocat pour faire comprendre le bon sens.

Nos besoins sont là, ils sont exprimés clairement, sans trompe-l'oeil. Il faut les satisfaire.

Il nous faut des livres moins chers, l'admission gratuite aux écoles, le droit d'élire nos commissaires, etc.

Voilà ce qu'il nous faut.

Quant aux moyens pour arriver à nous donner ces réformes, Monsieur le Directeur, ce que vous demandez est, nous croyons, ce qu'il y a de mieux : d'abord la réunion de toutes les Commissions Scolaires de Montréal en une seule, l'instruction gratuite et obligatoire, ou en attendant, l'uniformité des livres.

C'est à cette session-ci que nous voulons justice à ce sujet. Il y a treize ans que nous attendons, c'est raisonnable qu'on pense maintenant à tenir parole.

Monsieur le Directeur, je regrette de vous dire, que les ouvriers sont mécontents, et que si l'on continue de les ignorer, ils manifesteront autrement que par des suppliques et par des lettres.

Vous nous rendriez service en nous tenant au courant de ce que nos législateurs de Québec, vont faire pour les ouvriers.

Votre dévoué,

Pierre T. MASSON
Ouvrier.

Montréal, 12 janvier 1911.

Le Pays, 14 janvier 1911.

14. CE QUE LE SOCIALISME APPORTERA AUX OUVRIERS
1911

En 1911, le *Cotton's Weekly* publie un article décrivant les réalisations que pourrait apporter l'instauration du socialisme au pays, au profit des classes laborieuses. Son propriétaire, W. U. Cotton, avocat, avait été aux élections fédérales de 1908 candidat socialiste défait dans Brome. En décembre de la même année, il fonda à Cowansville le *Cotton's Weekly* qui devint l'organe du Parti socialiste du Canada, pour l'Est du pays. En mai 1911, Cotton assiste au congrès, tenu à Toronto, de toutes les sections finlandaises du Parti socialiste du Canada où il est voté la désaffiliation de ce parti et la formation de la Fédération socialiste canadienne. Le *Cotton's Weekly* suivra l'évolution de cette nouvelle organisation puisqu'en décembre 1911, il deviendra l'organe du Parti social-démocrate né de la fusion des sociaux-démocrates du Canada et de la Fédération socialiste canadienne.

Ce journal rédigé en anglais, atteint en 1909 près de 3 000 lecteurs dont 800 Québécois. En 1912, il était passé à 24 000 lecteurs dont 1 200 Québécois.

SOCIALISM WILL GIVE TO EVERY WORKER

1. The full value of the product of his labour.
2. It will reduce the hours of labour «in proportion to the increased powers of production».
3. It will abolish the landlord, the «lendlord» and the capitalist.
4. It will abolish child labour.
5. It will give employement to all who desire and will pension the old.
6. It will abolish charity and give the people justice.
7. It will abolish want, destitution, and the poor house.
8. It will permit every member of society to develop the highest and best that is in him.
9. It will abolish classes. It will abolish strikes and lockouts.

10.   It will make possible a government, «of the people by the people and for the people.»

11.   It will abolish the trusts by making them the property of all the people and for the people.

12.   It will do away with private ownership of the means of life.

13.   It will make labour-saving machinery a blessing instead of a curse.

14.   It will abolish the poor tramp, and the rich tramp.

15.   It will abolish rent and interest, profit and every form of usury.

16.   It will organize armies of construction. It will abolish armies of destruction.

17.   It will encourage competition in study, science, exploration, invention and the arts.

18.   It will abolish prostitution. It will abolish graft.

19.   It will abolish crime and criminals. It will abolish competition for bread.

20.   It will break up some of the shacks today called homes.

21.   It will make possible for every man a good home.

22.   It will abolish desertion and cruelty. It will introduce love and harmony. If you are in favor of this program you are with us. If you desire this, and want it right in our time you will join the Socialist Party and work for Socialism.

Cotton's weekly.

15. LE MÉCONTENTEMENT FACE À JOS. AINEY

18 mars 1911

En janvier 1910, le secrétaire de la Fraternité des charpentiers menuisiers de Mont-réal, Joseph Ainey, est élu au poste de contrôleur de la Ville de Montréal, en tant que candidat du Parti ouvrier. Élu avec plus de 30 000 voix, Ainey est également l'un des quatre candidats qu'appuie le Comité des citoyens au Bureau de contrôle de Montréal. Le comité était une importante association de «notables» telle qu'il en existait à l'époque dans les plus grandes villes d'Amérique du Nord et dont le but était de faire élire des candidats susceptibles d'administrer «rationnellement» les affaires municipales, de façon à faire diminuer le plus possible les taxes municipales qui pesaient sur les propriétaires fonciers.

Dans la première année de son terme, le travail d'Ainey ayant semblé plus conforme au programme du Comité qu'à celui du Parti ouvrier, à partir du début de 1911 de nombreuses critiques lui sont adressées par différentes organisations ouvrières qui lui reprochent en général de renier le mandat précis pour lequel les ouvriers l'avaient élu.

M. le rédacteur,

Je lis dans les journaux quotidiens que M. Ainey parle souvent au nom des classes ouvrières et qu'il se donne partout comme notre porte-parole.

Dans les milieux ouvriers, nous commençons à croire que M. Ainey se paie notre tête. Il pense plus à lui qu'à nous. Il parait s'occuper plus des désirs et des ordres du Comité des Citoyens que des besoins et des désirs des ouvriers.

Vous pouvez dire sans crainte que les ouvriers sont presque unanimes à désap-prouver sa conduite dans la question de la division de notre ville en cinq grands dis-tricts. Car, nous comprenons parfaitement que si ce projet avait été adopté notre influence aurait été réduite à rien.

Le milieu nouveau dans lequel vit M. Ainey semble avoir modifié sa manière de voir sur bien des choses.

Le gros salaire de $7,500 qu'il reçoit a tué son indépendance et gelé ses opinions.

Il aurait dû se battre, mais il ne s'est pas battu pour faire abolir la déqualification qui frappe les ouvriers pour non-paiement de la taxe d'eau.

Les chefs ouvriers sont un peu comme les chefs politiques. Quand ils sont «arrivés», ils changent quelquefois d'opinion.

Ce que je vous dis est partagé par tous les travailleurs et toutes les pauvres gens.

Le «Pays», dont nous aimons le franc-parler, ne me refusera, j'espère, de publier cette lettre.

UN VIEIL OUVRIER

Montréal, 17 mars.

Le Pays, 18 mars 1911.

16. PARTI OUVRIER ET CLUB OUVRIER MUNICIPAL

24 février 1912

La fondation d'un club municipal, indépendant du Parti ouvrier, marquera le début d'une profonde division au sein du parti. Cette division résulte officiellement du maintien d'un article dans la constitution du Parti ouvrier obligeant ses membres à ne travailler que pour les candidats endossés par celui-ci.

Reprochant au Parti ouvrier de ne pas suffisamment s'impliquer au niveau municipal, certains clubs ouvriers se désaffilieront du parti. Le principal porte-parole de cette tendance sera J. A. Guérin, qui, expulsé d'un club ouvrier pour avoir appuyé un candidat non reconnu par le PO, deviendra avec la création de la Fédération des clubs ouvriers municipaux (1914), président de cette nouvelle organisation. La FCOM se voulant à ses débuts représentative des intérêts des classes laborieuses à l'Hôtel de Ville, deviendra rapidement une organisation à la défense de la bourgeoisie locale de Montréal.

L'auteur de cet article dénonce le Parti ouvrier, l'accusant d'inertie dans le domaine municipal, et prône la formation de clubs ouvriers s'intéressant exclusivement aux questions municipales.

CLUB MUNICIPAL

On ne lira pas sans intérêt les quelques remarques que l'on nous communique sur la fondation d'un nouveau club ouvrier municipal.

Il est fortement question de fonder un nouveau club ouvrier dont le but serait de s'occuper exclusivement de politique municipale. Le nouveau club serait bien affilié au Parti Ouvrier ; mais n'accepterait qu'une partie du programme général, et ne se mêlerait en rien de politique fédérale ou provinciale.

On dit que plusieurs centaines de membres ont déjà donné leur adhésion à la nouvelle organisation qui se recrutera surtout dans la classe des employés civiques. Personne cependant ne sera exclu et toutes les classes pourront faire partie du club municipal.

Le projet a été lancé, il y a quelque temps déjà, par quelques-uns de ceux qui croient que le comité général du Parti Ouvrier n'est pas assez actif dans sa politique municipale, et que l'élément ouvrier est trop abandonné à lui-même dans les luttes municipales. C'est une force latente dont on ne sait pas tirer avantage et que les divers candidats tâchent d'attirer à eux.

Le but du club sera de lancer dans le public l'idée d'un grand ralliement autour d'un même drapeau et de jeter dans cette masse d'ouvriers des germes d'union, d'entente et de concorde pour les prochaines luttes électorales. C'est le but avoué, nous n'en connaissons pas d'autre caché : mais l'on dit que déjà certaines influences sont agissantes et très actives autour du projet. Il est bon que les hommes sincères soient bien avertis.

On ne doit pas craindre les hommes, il suffit de les bien connaître.

Le club municipal fera sien le programme du Parti Ouvrier sur les questions municipales. Mais il est une clause de la constitution du comité général qui pourrait bien créer du malaise et amener bien des conflits. Il y a des exemples récents qui permettent de croire que les derniers évènements pourraient bien se produire ailleurs aux prochaines luttes électorales.

Il est défendu à tout membre du Parti Ouvrier de travailler en aucune manière pour un candidat qui n'a pas l'appui du Parti.

Il reste établi que des membres du Parti Ouvrier et du Conseil des Métiers ont travaillé aux dernières élections municipales en faveur de candidats en dehors du Parti Ouvrier, et nul n'ignore que des membres très en vue ont fait la campagne pour MM. Marcil, Giroux, Brodeur et d'autres. Le fait est connu, répandu dans le public ; et toutes les tentatives pour éclaircir l'affaire devant le Conseil des Métiers comme devant le Comité Général n'ont eu aucun résultat.

Nous ne serions pas disposé à blâmer ceux qui ont cru ignorer la constitution et user de leur liberté dont se prévaut tant l'organisation ouvrière ; mais nous sommes disposé à croire que l'article restreignant la liberté des membres du Parti, a été mal inspiré et l'opinion publique a été plus forte que la volonté des législateurs.

On vient de consacrer un dangereux précédent. On pourra se demander à l'avenir quelle influence réelle les décisions du Comité Général exercent sur les membres.

Il sera sage, à l'avenir, que le Comité Général se demande, avant de passer des lois, s'il aura la force de les faire observer, ou si l'on pourra cyniquement les violer sans crainte d'aucune sanction.

L'on semble oublier qu'un parti est fort de son prestige et de sa réputation de sincérité.

Il y a encore des gens qui croient à la logique des faits et qui savent tirer des évènements les conclusions naturelles qui s'en dégagent ; et l'opinion publique, qui n'a pas ses petites raisons de ménager les influences, discerne généralement assez bien le faux du vrai et juge en conséquence. Il n'est pas de parti au monde qui puisse se passer de l'appui de l'opinion publique.

Puisque le Parti Ouvrier ne semble pas vouloir étendre sa sphère d'action et qu'il parait au contraire vouloir confiner son activité à trois ou quatre candidatures, pourquoi veut-il restreindre la liberté de ses membres qui ne sont pas intéressés directement aux candidatures qu'il appuie ?

Le nouveau club municipal, si toutefois l'on veut en faire une œuvre sérieuse, devra prendre ses mesures pour ne pas froisser dès le début par une clause semblable de précieuses adhésions qui pourraient, en conservant une certaine liberté d'action, lui être d'une grande utilité.

OUVRIER.

Le Devoir, 24 février 1912.

17. UN JOURNAL OUVRIER CATHOLIQUE : *LE TRAVAILLEUR*
4 avril 1912

Le journal *le Travailleur,* «organe des ouvriers catholiques canadiens», se définit comme «un journal ouvrier à convictions chrétiennes et catholiques». Le journal se propose de faire échec à la propagande socialiste et de favoriser l'organisation des travailleurs dans un parti ouvrier catholique.

AUX OUVRIERS
NOTRE PROGRAMME

En ce siècle de progrès matériels, la facilité des moyens de transport et le perfectionnement de l'outillage ont changé les conditions du travail et même les groupements des capitaux. Dans ce nouvel ordre de choses, les ouvriers ont le droit et le devoir de s'organiser pour protéger et améliorer leur sort, aussi bien au point de vue moral qu'au point de vue strictement économique.

Cette organisation, où les passions et les intérêts entrent en lutte, ne se fait pas sans commotion, ni même sans trouble. La vieille Europe surtout est secouée par ce mouvement qui la déborde.

Malheureusement pour les ouvriers, ce mouvement est dirigé trop souvent par des meneurs socialistes, qui les exploitent et préconisent une doctrine aboutissant à l'anarchie et à la révolution.

Pour faire adopter leurs doctrines par les ouvriers, les chefs socialistes ont mis dans leurs programmes plusieurs articles qui sont apparemment avantageux pour la classe ouvrière. C'est ce qui explique le succès du socialisme auprès des masses.

Le même mouvement d'organisation ouvrière existe ici au Canada, et comme dans les autres pays il est à la merci des socialistes, qui sont beaucoup plus remuants que les ouvriers honnêtes.

Il faut que les ouvriers canadiens réagissent et s'organisent pour la lutte contre les forces socialistes, qui les engloberont tôt ou tard, s'ils continuent à se laisser exploiter. À la force il faut répondre par la force, et au socialisme il faut opposer un parti ouvrier catholique qui, tout en suivant un programme ouvrier basé sur une législation saine et honnête, rejettera tout ce qui est de nature à démolir les bases de la société actuelle et à préparer le sabotage de notre religion.

L'organisation des catholiques en matière ouvrière est encore à peu près nulle, au Canada. La première chose à faire nous a paru être la fondation d'un journal ouvrier à convictions chrétiennes et catholiques. En effet, le journal est reconnu aujourd'hui comme le principal semeur des idées et le meilleur moyen de propagande. Il appartenait véritablement à des ouvriers de fonder cette œuvre qui manquait encore à notre population ouvrière.

Plusieurs essais de journaux ont déjà été faits, mais jusqu'ici aucun n'a réussi à se maintenir. Nous croyons que cela est dû aux défauts d'organisation et surtout à l'absence d'un programme bien défini.

Profitant de l'expérience des autres, nous voulons faire un journal ouvrier qui puisse vivre et intéresser ses lecteurs, en répandant de saines idées, conformes à notre foi catholique, en défendant les légitimes aspirations et les véritables intérêts de la classe ouvrière. C'est ainsi que, dès notre début, nous avons voulu inscrire comme principaux articles de notre programme :

1. Obéissance aux enseignements de l'Église en général et en particulier à ceux qui concernent la condition des travailleurs, la morale catholique, que nous ne voulons en rien contredire ;
2. Lutte pour seconder et appuyer le mouvement de tempérance, tel que nos chefs religieux l'ont organisé et le conduisent ;
3. Suppression complète de la prostitution dans notre ville ;
4. Règlementation du travail des femmes et des enfants dans les fabriques ;
5. Augmentation légitime des salaires, en proportion du coût de la vie ;
6. Interdiction du travail de nuit pour les femmes et les enfants ;
7. Repos dominical ;
8. Hygiène des fabriques ;
9. Réglementation du travail des prisons, pour l'empêcher de faire concurrence au travail libre ;
10. Protection des ouvriers canadiens contre la main d'œuvre étrangère ;
11. Juste répartition de la taxe pour les différentes classes de la société ;
12. Application de la loi contre les usuriers ;
13. Résistance aux accaparements exagérés des trusts ;
14. Encouragement au travail organisé en exigeant l'étiquette syndicale sur les marchandises.

Nous savons que la tâche que nous entreprenons est ardue, mais nous ne ménagerons pas notre énergie pour assurer le succès de notre cause. Nous comptons, cela va sans dire, sur la bonne volonté des ouvriers pour nous aider dans ce but.

Nous voulons qu'ils vous lisent et propagent nos idées chez leurs amis, en s'abonnant et en faisant s'abonner les camarades au journal spécialement consacré à leurs intérêts, et qui veut se dévouer pour assurer le bonheur de leurs foyers.

Les Éditeurs du «Travailleur.»

Le Travailleur, Québec, 4 avril 1912.

18. OPINION D'UN OUVRIER SUR LE BILL DE LA MARINE
18 janvier 1913

En 1913, le projet de loi du gouvernement Borden visant à créer une force navale pour l'Empire (au coût de trente-cinq millions de dollars) suscite une vive opposition au sein des organisation politiques et syndicales des travailleurs.

De son côté, le chef de l'opposition, Laurier, s'inspirant d'un nationalisme «*Canadian*», proposera en amendement la création d'une force navale canadienne. Verville, député-ouvrier de Montréal-Maisonneuve, défendra à plusieurs reprises le projet de Laurier, faisant fi de la recommandation du Parti ouvrier et du Conseil des métiers et du travail de Montréal qui était très explicite : «Pas de militarisme, pas de marine.»

L'auteur de cet article s'interroge sur les conséquences de l'adoption d'un tel projet et sur l'attitude de Verville.

LA QUESTION BRÛLANTE

Les deux projets sur la marine – l'attitude des ouvriers – Que fera M. Verville ?

À l'instar des ouvriers du monde entier, les ouvriers du Canada condamnent tout projet, toute politique, toutes dépenses ayant pour but de provoquer ou d'allumer la guerre entre les nations. Pour régler les conflits inévitables, ils veulent qu'on établisse des tribunaux internationaux d'arbitrage, qui seront chargés d'entendre les parties en cause et de juger entre elles.

[...]

Autrefois, au Canada, on ne parlait que de développer le pays, d'exploiter ses immenses ressources naturelles, de construire des canaux et des chemins de fer, d'ouvrir les plaines immenses de l'Ouest aux bienfaits de l'agriculture, de bâtir des villes et des cités, et les peuples étrangers enviaient le bonheur du peuple canadien, parce qu'il était soustrait aux rigueurs ruineuses du militarisme.

Aujourd'hui, tout est bien changé : on ne parle plus de l'œuvre pacifique et patriotique, de la prospérité du pays, on ne parle que d'armements, que de guerres possibles, et de marine militaire ; on ne veut plus que construire des vaisseaux de guerre, fabriquer des fusils, fondre des canons, élever des fortifications. Et pourquoi ?

Quel ennemi nous menace ?

Quand les ouvriers demandent aux capitalistes, leurs patrons, une augmentation de deux dollars par semaine, ils crient qu'on les égorge, et que les ouvriers, par leurs exigences, vont tuer l'industrie et ruiner le pays. Mais quand on leur demande trente-cinq millions de dollars pour construire des vaisseaux de guerre, ils sont prêts, ils approuvent, ils exultent, ils sont satisfaits.

Peut-être est-il des ouvriers qui n'ont pas encore pu saisir l'économie des deux projets, sur la marine, que la Chambre des Communes discute, en ce moment, à Ottawa ?

[...]

Ainsi, par le projet Borden, le peuple canadien, avec une population de HUIT millions à peine devra donner, en cadeau, à la puissante et riche Angleterre, TRENTE-CINQ millions de dollars, c'est-à-dire une somme égale au salaire qui est payé, pendant un an, à trente-cinq mille ouvriers gagnant, chacun mille piastres, ou 70 000 journaliers gagnant $500 par an.

Avec la marine Laurier, on dépenserait probablement la même somme, mais on garderait au moins les vaisseaux.

Quoiqu'il en soit, les deux projets vont jeter le Canada dans le gouffre du militarisme, c'est ce que les ouvriers ne veulent pas.

Le comité général du parti ouvrier de Montréal, à sa dernière assemblée, dimanche dernier, a condamné les deux projets en réaffirmant son attachement au principe du programme ouvrier : «Pas de guerre ; pas de dépenses pour des fins d'armements militaires.»

M. Verville, député ouvrier, a été notifié, par ordre de son parti, d'avoir à régler sa conduite, en chambre, sur cette décision du comité. Il n'est pas douteux qu'il s'y conformera.

Jean-Baptiste Lamisère

Le Travail, 18 janvier 1913.

19. MANIFESTE DU PARTI SOCIAL-DÉMOCRATE DU CANADA SUR LA GUERRE

28 août 1914

Le Parti social-démocrate du Canada, fondé le 30 décembre 1911, est né d'une scission à l'intérieur du Parti socialiste du Canada. Les dissidents de ce parti lui reprochaient de ne pas s'affilier à l'Internationale et de rejeter toute lutte pour des demandes immédiates tant au niveau syndical qu'au niveau politique (assurance-maladie, journée de huit heures, abolition du travail des enfants, interdiction des interventions policières durant les grèves, etc.). Le PSD qui devient très rapidement la plus importante organisation socialiste du Canada, compte bientôt plusieurs locaux dans la province de Québec.

À la fin de 1916, le local n° 4 de Montréal, du PSD, lance un appel aux travailleurs leur demandant de refuser de remplir les cartes d'enregistrement au Service national considérant que cette loi est anti-démocratique.

Nous reproduisons ici la position officielle de ce parti face à la guerre. Le comité exécutif du parti invite les travailleurs canadiens à ne pas participer à une guerre, qui, selon eux, est le fruit des rivalités entre capitalistes au détriment de la classe ouvrière.

TO THE WORKERS OF CANADA

Ever since the war terror began its march across Europe the capitalist press of Canada, acting on behalf of the capitalist class has done its utmost to create a war spirit and arouse a patriotic cry, calling upon the workers of Canada to go forth and spill their blood in the interests of the Master Class.

We desire to emphasize the fact that this war, as all modern wars, is being waged between international capitalists, representing as it does a struggle to secure markets for the disposal of the stolen products of labor it can therefore be of no real interest to the working class.

Since capitalism is based upon wage labor and capital, the working class receiving in the shape of wages but sufficient to maintain a bare existence, and the ever increasing surplus product taken from labor strengthening as it does the position of the capitalist as a social parasite, we appeal to the workers of Canada to refrain from lending any assistance in this war. Let the MASTERS fight their own battles.

We further wish to emphasize that the present is an opportune time of getting a larger measure of knowledge as to your true position in society. This is being pointed out everywhere by the Socialists, on the street corners, in halls and through the party press. This knowledge is of vital interest. It will unfold to you the difference between social existence and social progress.

Yours in the revolution

Executive Committee, S. D. P.

The Voice, 28 août 1914.

20. *LE MONDE OUVRIER* ET LA GUERRE
18 mars 1916

Le journal hebdomadaire, *le Monde ouvrier*, organe du Conseil des métiers et du travail de Montréal, prend position sur la guerre. Bien que favorable à l'effort de guerre, tant du côté des ouvriers que des capitalistes, le journal manifeste son opposition aux abus des fabricants de munitions de guerre dont sont victimes les travailleurs de ces industries.

Le Monde Ouvrier, étant l'organe des travailleurs-unionistes de la Ville de Montréal, tient à déclarer qu'il fera tout en son pouvoir pour assurer le succès des Alliés dans cette terrible guerre mondiale, il prêchera le recrutement chez les riches comme chez les parias de la société, il encouragera les ouvriers travaillant aux fournitures et aux munitions de guerre à accomplir courageusement leur devoir malgré les vexations et les abus dont ils sont trop souvent les victimes, conscients que le triomphe des Alliés et la vie de milliers d'unionistes et de fils d'unionistes dépendent en grande partie de leur travail. Mais il est une chose que Le Monde Ouvrier déclare, également, c'est qu'il condamnera sans peur et sans faiblesse l'exploitation dont se rendent coupables certaines grandes compagnies engagées dans la fabrication des munitions de guerre.

Si ces exploiteurs croient, parce qu'ils sont protégés par le gouvernement qu'ils vont pouvoir réduire impunément les salaires de leurs ouvriers, et que ceux-ci continueront à baisser la tête humblement, ils se trompent étrangement.

Si la censure croit qu'elle peut continuer indéfiniment à étouffer les plaintes des ouvriers en bâillonnant la presse, elle se trompe également.

Le Monde Ouvrier ne désire pas créer d'ennuis au gouvernement, mais il prétend mettre le public au courant des difficultés ouvrières qui s'élèvent dans les fabriques de munitions comme il le fera pour le autres établissements industriels, s'il y a lieu.

Le Monde Ouvrier n'a pas peur du bâillon, il criera bien haut et si fort que sa voix sera entendue, et il continuera à crier tant que cette exploitation durera.

Le Monde ouvrier, 18 mars 1916.

21. PROGRAMME DU *MONDE OUVRIER*
16 mars 1916

En mars 1916, le Conseil des métiers et du travail de Montréal se dotait d'un organe d'information pouvant rejoindre l'ensemble des syndiqués de Montréal. *Le Monde ouvrier* demeurera l'organe du CMTM jusqu'en 1938.

Nous reproduisons le texte qui décrit les objectifs que se donnait *le Monde ouvrier* dans son premier numéro.

NOTRE RAISON D'ÊTRE
Les Ouvriers Syndiqués veulent un journal
Ils doivent donc nous encourager

Quelques personnes s'imaginent que le Monde Ouvrier a vu le jour le 17 mars 1916, fête patronale des Irlandais, pour clore sa trop courte existence le 3 avril prochain, à 8 heures du soir, lors de la fermeture des bureaux de votation.

À ceux-là, nous disons simplement : attendez et vous verrez que bien après les élections Le Monde Ouvrier sera là sur la brèche, luttant pour les principes démocratiques, louant les entreprises nobles et généreuses, de quelque côté qu'elles viennent, réveillant les consciences endormies, fustigeant comme ils le méritent les tripatouilleurs et les exploiteurs du peuple, défendant les faibles et les opprimés contre les empiètements toujours croissants des monopoles et des trusts, prêchant courageusement et sans faiblesse en faveur de relations harmonieuses entre le capital et le travail, démontrant que si le peuple a des devoirs à remplir il a également des droits à faire prévaloir, usant de tous les moyens légaux pour faire reconnaître et triompher les justes revendications de la classe ouvrière, rendant à César ce qui appartient à César et à Dieu ce qui appartient à Dieu.

Sans peur et sans reproche, Le Monde Ouvrier continuera sa route ascendante, sans s'occuper ni des molosses aboyants ni des roquets jappants qu'il rencontrera sur son chemin.

Le Monde Ouvrier critiquera ou louera gens et choses, se plaçant au point de vue non seulement ouvrier mais général, sachant qu'il soulèvera des colères et des malédictions chez les ennemis du peuple et, peut-être, de l'ingratitude chez ceux qu'il a pris pour mission de défendre, mais il trouvera sa récompense dans la conviction du devoir accompli et dans la certitude de l'approbation et de l'estime de tous ceux qui aiment la justice et le «fair play» britannique.

Nous essayerons de démontrer aux hommes d'affaires, aux manufacturiers, aux industriels, aux patrons —petits et grands — que la prospérité d'un pays dépend entièrement du bien-être de la classe ouvrière, que s'ils paient des salaires de famine à leurs employés ils réduisent du même coup leur pouvoir d'achat et par ricochet font péricliter leur propre industrie. Que plus l'ouvrier est bien traité, plus il produit, plus il enrichit son patron.

Le Monde Ouvrier n'est pas un organe révolutionnaire, mais il est et restera partisan d'une évolution constante en rapport avec la marche du progrès social et économique. Il prêchera des idées nouvelles, cherchant à relever le niveau moral de la masse par l'éducation et non par la coercition, qui n'a jamais engendré que l'hypocrisie et la dissimulation.

Le Monde Ouvrier n'est pas un journal politique — il n'est ni libéral, ni conservateur — mais il prétend être l'organe officiel et le porte-parole des 34 000 unionistes et membres du Parti Ouvrier de la Province de Québec.

Sa raison d'être est de combler une lacune dans le journalisme : il sera un véritable journal ouvrier, créé par eux, possédé par eux et contrôlé par eux — puisque, d'après sa charte d'incorporation, seuls les membres des unions ouvrières et du parti ouvrier ont le privilège d'être possesseurs des actions communes du journal.

La plate-forme de principes du Monde Ouvrier sera celle du Congrès Ouvrier du Canada, et sa politique celle du Parti Ouvrier.

Voulant être conséquents avec les principes des Unions Ouvrières qui reconnaissent le français et l'anglais comme langues officielles et en usage courant dans toutes les assemblées, Le Monde Ouvrier sera non seulement publié dans les deux langues, mais il fera une campagne active et soutenue pour démontrer qu'il est absolument nécessaire dans l'intérêt du pays et afin d'avoir réellement l'entente cordiale entre les deux grandes races peuplant le Dominion, que tous les Canadiens sachent lire et écrire les deux langues.

Nous savons que cette attitude nous aliénera bien des sympathies chez les extrémistes des deux camps, mais nous sommes confiants que la grande masse de l'élément sage et raisonnable nous approuvera et que notre exemple sera suivi par d'autres.

Dans les siècles passés, le peuple faisait avancer le progrès par la révolution, aujourd'hui le peuple crée le progrès par l'évolution.

Autres temps, autres mœurs.

Le Monde ouvrier, 16 mars 1916.

22. PROGRAMMES ÉLECTORAUX D'ADOLPHE GARIÉPY ET JOSEPH SCHUBERT

1er avril 1916

L'édition du 1er avril 1916 du *Monde ouvrier* présente les programmes électoraux de deux candidats ouvriers à l'échevinage de Montréal. Adolphe Gariépy, secrétaire de l'Union des cigariers, est le candidat officiel du Parti ouvrier et du Conseil des métiers et du travail de Montréal dans le quartier Lafontaine. Son programme est celui des deux organisations qui l'appuient. Joseph Schubert de l'Union des ouvriers du manteau et de la robe, l'un des principaux organisateurs du Parti social-démocrate à Montréal, est candidat pour ce parti dans Saint-Louis. Schubert deviendra, en novembre 1917, trésorier de la section québécoise du Parti ouvrier du Canada. Le jour de l'élection, le 3 avril 1916, Gariépy et Schubert seront tous deux défaits.

AUX ÉLECTEURS DU QUARTIER LAFONTAINE

MESSIEURS,

C'est à la demande de centaines de citoyens que j'ai décidé d'entrer dans la lutte pour l'échevinage. J'ai l'appui du Travail Organisé, du Parti Ouvrier et d'électeurs de toutes les classes de la société. Ce n'est pas moi qui ai cherché cette candidature, mais ce sont les citoyens qui me l'ont offerte. Si vous daignez m'envoyer à l'Hôtel de Ville, voici la ligne de conduite que je tiendrai :

Je suis pour la réforme du système administratif. Je suis pour que la ville fasse faire ses travaux à la journée et qu'elle paie les salaires reconnus par les Unions Ouvrières, et lorsqu'elle ne pourra faire les travaux elle-même, les contracteurs devront payer les salaires reconnus dans «L'Échelle des Salaires Raisonnables».

La nouvelle franchise qui sera accordée à la Compagnie des Tramways devrait contenir une clause par laquelle la ville pourrait exproprier la compagnie de cinq ans en cinq ans.

La ville devrait recevoir tous les profits auxquels elle a droit. Le public devrait recevoir le plus possible sous le rapport des billets et améliorations du service. Les intérêts des employés de la Compagnie devront aussi être protégés, et quelle que soit l'entente qui interviendra, elle devra être soumise à un référendum des électeurs.

Je suis contre les expropriations et n'en favoriserai que lorsqu'elles seront absolument nécessaires et que la ville sera en position d'y faire face.

Je suis contre toute augmentation de taxes, car je crois que la ville pourrait faire face à ses obligations si nous avions une administration saine. Je suis contre la diminution des salaires des employés.

Enfin, je suis pour que la ville soit administrée sur une base d'affaires et avec la plus stricte économie possible.

Votre dévoué,

ADOLPHE GARIÉPY

Candidat Ouvrier.

PROGRAMME DE JOSEPH SCHUBERT

Le développement rapide des villes avec sa croissance rapide de population, d'industrie et de richesse ont rendu nécessaire, pour l'ouvrier, d'être organisé dans les municipalités, pour le bon fonctionnement des intérêts publics.

Ce développement merveilleux n'a apporté ni confort ni sécurité aux masses. L'abîme entre le riche et le pauvre s'est accentué encore.

Les grandes Compagnies avec leurs nombreux et riches actionnaires, les Compagnies d'Immeubles et toutes les Compagnies en général sont devenues plus riches et plus puissantes par leur contrôle du Gouvernement Municipal. (Elles contrôlent aussi les Gouvernements Fédéral et Provincial).

La classe ouvrière doit envoyer par son parti politique, le P. S. D., leur représentant à la municipalité pour combattre les intérêts des riches et administrer la Cité de sorte que la pauvreté des masses soit allégée, ainsi qu'abolir l'agglomération inutile, causant les maladies et la mort.

Autonomie

Beaucoup de grands changements sont nécessaires dans la législation et l'administration de la Cité de Montréal, de sorte que la masse du peuple bénéficie de la richesse et des ressources très vastes de la ville.

La mortalité infantile est terrifiante, les institutions d'éducation sont insuffisantes et contrôlées par des ordres religieux, et une grande partie des citoyens n'ont pas de voix dans les affaires de la ville. Celles-ci ne sont que quelques-unes des mauvaises conditions qui existent à Montréal.

Les citoyens de Montréal devraient gouverner leurs affaires eux-mêmes et ne pas avoir besoin de recourir au Parlement Provincial à Québec quand un changement quelconque s'impose.

Le P. S. D. exige l'autonomie de Montréal comme une nécessité démocrate.

Le droit de suffrage

Tout homme et femme, à l'âge de vingt et un ans, doit avoir une voix dans les affaires de Montréal.

Les demandes ci-dessus sont quelques-unes des réformes que le représentant ouvrier s'efforcera d'obtenir dans un Montréal autonome.

Ce que nous demandons de Québec

Tout ce qui est mentionné ci-dessus, le Conseil Municipal doit l'exiger du Parlement Provincial de Québec, aussi bien que l'abolition du dépôt de ($200.00) deux cents dollars pour les candidats échevins ou contrôleurs. Également toute qualification de propriété qui constitue une barrière contre la démocratie ouvrière. Représentation proportionnelle. Abolition des Quartiers.

Programme immédiat

1. Extension du Département des Travaux Publics. — Les travaux de la Ville, tels que le pavage, le pouvoir d'eau, les bâtiments publics, l'habillement de ses employés, etc., ne devraient pas être donnés à des entrepreneurs, mais devraient être directement faits par la Ville.

2. La journée maximum de huit heures, et payée aux taux des unions ouvrières, pour tous les employés de la Ville. La Ville devrait être un modèle dans l'emploi de son personnel.

3. Entrepôts municipaux pour le charbon et la glace. — Le charbon et la glace doivent être vendus aux citoyens au prix coûtant par la Ville.

4. Hygiène. — Le propriétaire doit nettoyer et faire les réparations des maisons à loyer. Une telle mesure préviendra beaucoup de maladies et de mortalités, ainsi que d'autres inconvenances.

5. Établissement de nouveaux Parcs sur les terrains libres.

6. Secours aux sans-travail.

7. Municipalisation du tramway, des passages souterrains et des pouvoirs d'eau, etc.

Une classe ouvrière instruite aura toujours les yeux fixés à ce que les utilités publiques soient exploitées dans l'intérêt de la communauté, et non mis dans les mains de Compagnies d'exploiteurs et de voleurs qui en font fortune.

8. Taxer toutes les propriétés détenues par les sectes religieuses dans un but de loyer et de spéculation.

9. La Force de la Police ne doit pas être utilisée contre les grévistes.

Le Monde ouvrier, 1er avril 1916.

23. LE CMTC ET LA GUERRE

octobre 1917

La guerre de 1914-1918 fera l'objet de nombreuses discussions au sein du monde ouvrier canadien, discussions portant principalement sur la participation canadienne à cette guerre. Dès 1915, le Congrès des métiers et du travail du Canada affirme qu'il est du devoir du Canada d'aider la mère-patrie à sauvegarder la liberté et la démocratie en Europe. Certaines unions de l'Ouest, minoritaires au sein du CMTC, s'opposeront à cette «guerre capitaliste», tandis que les unions du Québec seront divisées sur cette question, influencées principalement par la position des nationalistes québécois.

L'annonce d'une éventuelle conscription déclenche un tollé de protestations au sein du travail organisé. Dès 1916, le CMTC désapprouve l'enregistrement obligatoire parce qu'il enfreint les principes fondamentaux de liberté, garantis par la Constitution. En 1917, James Simpson, vice-président du CMTC, publie un manifeste demandant la conscription des richesses de la nation, et non celle des hommes. En septembre 1917, le CMTC réaffirme le même principe ; mais comme la conscription a force de loi depuis juin 1917, le congrès vote la formation d'un parti ouvrier indépendant qui aura pour mandat de mener une lutte politique contre la conscription.

À l'élection de décembre 1917, deux candidats ouvriers seront élus. Nous publions les propositions relatives à la guerre et à la conscription votées au Congrès des métiers et du travail du Canada, lors des congrès de 1916 et 1917.

CANADA'S CHIEF LABOUR BODY AND THE WAR
(Toronto 1916)

At the thirty-second annual convention of the Trades and Labour Congress of Canada, held in Toronto in September, 1916, under the caption «The War» the executive council made the following pronouncement :

In the Report of the Proceedings of last year's convention of the Trades and Labour Congress of Canada, held in the city of Vancouver, you will find that the resolutions adopted the previous year, especially in connection with the war situation, were practically repeated and the principles there in contained were reaffirmed[1]. Since then another year of tremendous struggle, of terrific conflict of ever-increasing miseries and sacrifices has rolled into the vastness of this gigantic maelstrom and while no decrease in the honors of the situation has to be noted, the circumstances that surround the third year of the world-wide convulsion differ somewhat from those experienced during the first and second year of the passion lashed deluge of destruction. Be the end when it may, we are certainly one year nearer to it than we were in 1915 ; and there signs upon the horizon of the future that were not visible a year ago — signs that indicate an ever-increasing desire for preparedness, not for war, but for peace. It has been ever recognized as a principle of labour that war was a curse to the nations involved and a menace to the well-being of humanity in general. This hurricane of conflict that rushes over the world today is in no way due to labour ; quite the contrary, it comes from a point that is as distinct from that occupied by the labour element as the pole is distant and distinct from the equator, and it is the duty of labour to exert every influence and every means at its command to check the tide of devastation, to roll it back on itself and to hasten the long-hoped-for era of restored peace, of triumphant liberty and of rejuvenated civilization.

In the presence of these cold facts and abnormal conditions, we have nothing better to do than to once more reaffirm the principles so clearly laid down at last year's convention and so strongly adopted. The resolutions that gave expression to the attitude of the Trades and Labour Congress of Canada upon this momentous question included those of The General Confederation of Labour in France, and the proposal of the American Federation of Labour to hold an international congress at the time and place fixed upon by international diplomats for the establishment of peace terms. While thus reaffirming, in every particular, the extensive and elaborate resolutions of last year's convention in connection with the attitude of labour during the continuance of the tremendous struggle the Trades and Labour Congress of this Dominion desires to co-operate with all the great labour bodies of America and Europe in bringing about the proposed peace convention in which the congress shall have its due representation and influence with a view to the opening up of an age of advancement and universal contentment such as has ever been the aim of those who have at heart the true interests of labour.

Out of the chaotic confusion of this war will naturally arise many powers, organizations and combinations that, by their very nature and character, will be antagonistic to the interests of the working class ; it therefore behooves all repre-

---

1. La proposition concernant la guerre, votée au congrès du CMTC en septembre 1915, est la suivante : «*It is the duty of the labour world to render every assistance possible to the allies of Great Britain, more especially for those in Canada who form a part of the Empire in an endeavour to secure early and final victory the cause of freedom and democracy.*»

sentatives of labour to keep a steadfast eye upon present conditions and all signs of the conditions that are to come, to keep a firm hand upon the helm and not allow the vessel which has ridden so many billows of opposition in the past to be swamped in a sea of new and adverse conditions in the future. There must be watchfulness on all sides ; redoubled efforts in the perfecting of organization ; close scrutiny of all legislative movements, and all signs that might indicate what is to be expected in that direction, finally, renewed ardor in every sphere of activity, deeper study of all problems affecting the cause of labour, and a determination that out of this clashing and shattering of familiar conditions labour will come forth perfected in every way and better prepared than ever to face the great and heretofore unexperienced difficulties that the future has in reserve for it.

The committee on officers' reports, to which the above was referred, recommended its adoption, together with a resolution dealing with representation at the proposed peace conference, the naming of the representatives being left in the hands of the executive council.

RÉSOLUTION DU CMTC
(Ottawa 1917)

[Le rapport du Conseil exécutif sur la conscription se lit comme suit :] «En 1915, le Congrès des Métiers et du Travail du Canada, à la convention annuelle tenue à Vancouver, déclara son opposition absolue à la conscription comme moyen d'enrôlement militaire. L'année dernière, à Toronto, la même résolution fut réaffirmée dans toute sa force. Depuis lors, la question de la conscription au Canada a agité l'esprit public à un degré sans précédent. Une partie de la presse et de nombreux corps publics se sont prononcés fortement en faveur de l'adoption au Canada, en ce moment, de cette méthode de se procurer des hommes pour remplir les rangs de forces canadiennes faisant du service outre-mer. En réalité, la question a été soumise au parlement il y a quelques mois, et une mesure très sévère a été discutée et votée à la Chambre des Communes et au Sénat. Cette mesure est maintenant devenue loi et, comme telle, contient des dispositions qui imposent des peines sévères à quiconque emploie une forme quelconque d'opposition qui pourrait frustrer la mise en vigueur de la loi actuellement existante. Tandis que le Congrès ne peut commettre la folie de retirer ou de contredire cette année ses vues fermes et sérieusement étudiées sur la conscription, telles qu'exposées dans les résolutions de 1915 et 1916, cependant, sous notre forme représentative du gouvernement, il n'est pas jugé juste, patriotique ou dans les intérêts du Dominion ou des classes ouvrières, de dire ou faire quoi que ce soit pour empêcher les puissances du jour d'obtenir tous les résultats qu'elles attendent de la mise en vigueur de cette loi.»

Le comité recommanda de substituer la rédaction suivante à la dernière partie du rapport du Conseil Exécutif, et proposa l'adoption de la déclaration telle qu'amendée : «Cependant, sous notre présente forme de gouvernement, nous ne croyons pas juste, patriotique, ou dans les intérêts du mouvement ouvrier ou du Dominion du Canada, de dire ou de faire quoi que ce soit qui pourrait empêcher le gouvernement du Canada d'obtenir les résultats qu'il attend de la levée de renforts pour les forces expéditionnaires canadiennes au moyen de la mise en vigueur de cette loi qui tendra à la conscription industrielle ou à gêner le mouvement trade unioniste dans le soin des intérêts des travailleurs syndiqués de ce Dominion.»

Canada, Ministère du Travail, *la Gazette du travail*, octobre 1917, p. 942-943 ; *Labour Organization in Canada*, 1917, p. 26-27 ; Labour Organizations in Canada, 1916.

24. POSITION DE JOS. AINEY SUR LA CONSCRIPTION
1917

Le militarisme, la conscription et la guerre dominent les débats au sein des organisations ouvrières canadiennes depuis 1915. Jos. Ainey, alors membre de l'exécutif du CMTM, traduit dans ce texte la position adoptée par le CMTC et le Conseil de Montréal qui consiste, pour l'essentiel, à exiger comme préalable à la conscription des hommes, la conscription de la richesse, c'est-à-dire la nationalisation des industries de guerre et des banques. Le 6 juillet 1917, le projet de conscription est voté en deuxième lecture aux Communes.

CANADIAN LABOUR AND CONSCRIPTION

The workingmen, throughout Canada, are opposed to the Compulsory Service Bill now under discussion before the House of Commons.

This opposition is not confined to one province, as it has been stated in some newspapers. It is true that opinions have been expressed more freely in the Province of Quebec, but I have had the opportunity of coming in contact with the population of other provinces, and I have found opposition everywhere.

Apart from the constitutional and economic aspects of the question, the average workingman considers that if there is to be conscription of men, it should be accompanied, if not preceded, by conscription of wealth.

The workingmen hate war more than anybody else. War produces individual wealth and prosperity, but in other sections of the community. Unmolested profiteering has rendered ineffective many good recruiting speeches.

In the working classes are also found thousands of good citizens who have made this country their land of adoption, principally because they wanted to free themselves from the consequences of militarism. These cannot be expected to be very enthusiastic over the introduction of compulsory service.

The workingman of Canada is also aware of the crisis which his country is facing.

Canada has enlisted up to this date an army of over 400,000 men for overseas's service. For the purpose of illustration let us consider for a moment that in proportion to population, this would be equivalent to an army of 6,000,000, if recruited in the United States.

We are told by the best authorities that the Allies must rely on America for food. Are we in position to meet the demand ? We have the land, but we are already short of hands. Our farmers are able to cultivate only part of their farms. Farm help is obtained with great difficulty and only at the price of skilled labor. Overproduction has become an impossibility under present conditions. We cannot even produce sufficiently to keep the cost of living within reasonable figures.

I find from official statistics that in the month of May 1914, the weekly cost of food for a family of 5 was estimated at $7.42, whilst in the month of May 1917, the same could not be obtained for less than $11.82. The general budget of a family of 5 in the month of May 1914 was estimated at $14.19 per week ; in May 1917, it had reached $18.50.

The situation is alarming and the working classes feel what is coming, and they know who is to suffer first and longest.

For all these reasons, the great majority of workingmen in Canada are opposed to conscription, and from all parts of the country their representative bodies have passed resolutions accordingly.

JOSEPH AINEY

Montreal, July 5, 1917.

Recueil de textes sur la question de la conscription publié par le journal *le Devoir* en 1917.

25. RÉSOLUTION DU CONGRÈS DES MÉTIERS ET DU TRAVAIL DU CANADA EN FAVEUR DE LA CRÉATION D'UN PARTI OUVRIER NATIONAL

20 octobre 1917

Après les expériences souvent fructueuses de formation de partis ouvriers provinciaux, le conseil exécutif du Congrès des métiers et du travail du Canada décide en 1917, sous la pression d'un grand nombre de membres qui le réclament depuis 1906, de recommander à ses unions affiliées la création d'un parti ouvrier indépendant à l'échelle canadienne. La nouvelle formation canadienne s'inspirera, tant du point de vue de sa structure que de son idéologie, du Parti travailliste britannique.

Votre Conseil Exécutif a soigneusement considéré la résolution passée à la convention de Toronto demandant un rapport et une recommandation sur l'opportunité d'établir un Parti Ouvrier dans le Dominion du Canada. On se rappellera qu'à la convention du Congrès à Victoria, en 1906, une politique définie fut établie par laquelle le Congrès s'engageait à respecter l'autonomie des provinces en ce qui concerne l'organisation ouvrière dans le domaine politique. Cette position fut prise vu la différence des conditions existant dans les différentes parties du Dominion et qui sont sujettes soit aux croyances religieuses, aux traditions ou autres influences ayant toutes une portée considérable sur l'état psychologique des travailleurs.

[...] Nous sommes d'avis que le temps est venu où les travailleurs du Canada devraient suivre le précédent créé en Angleterre et organiser un PARTI OUVRIER sur des bases telles que trade-unionistes, socialistes, fabiens, coopérateurs et agriculteurs puissent s'unir pour favoriser une législation qui soit dans l'intérêt des producteurs de la nation. Nous approuvons le précédent britannique parce que l'expérience a démontré que le plan d'après lequel le Parti Ouvrier anglais est construit permet de reconnaître à tout individu la liberté d'accepter un programme varié d'action politique ouvrière et en même temps de s'unir sur une base coopérative pour édifier une organisation politique qui donnera effet aux principes fondamentaux qui sont à la base des demandes de législation faites par les travailleurs.

C'est pourquoi nous recommandons fortement l'organisation d'un PARTI OUVRIER INDÉPENDANT pour le Canada dans le genre du Parti Ouvrier Anglais, et reconnaissant les organisations ayant des buts similaires à ceux de ces organisations affiliées au Parti Ouvrier Anglais. En vue de donner suite à cette recommandation, nous demandons que l'organisation politique ouvrière dominante dans chaque province appelle une convention des organisations ayant droit de faire partie d'un tel Parti Ouvrier pour se préparer ensemble à une action politique.

Le Monde ouvrier, 20 octobre 1917.

26. PROGRAMME, CONSTITUTION ET RÈGLEMENTS DU PARTI OUVRIER DU CANADA – SECTION DE LA PROVINCE DE QUÉBEC

1917-1918

Ces textes furent adoptés par le congrès tenu à Montréal le 3 novembre 1917 et amendés par le congrès tenu à Montréal le 14 décembre 1918.

Au congrès de fondation, deux cent huit délégués de cent quatre organisations ouvrières participaient à la mise sur pied de la section québécoise du Parti ouvrier canadien. Conformément aux décisions prises par le Congrès d'Ottawa du CMTC (septembre 1917), les sections québécoises des partis socialistes sont invitées à s'affilier en tant qu'organisations distinctes.

PROGRAMME
FÉDÉRAL

1. Assurance d'état gratuite contre la maladie, la vieillesse et le chômage.
2. Suppression du travail des prisons et des écoles industrielles qui font concurrence au travail de la main-d'œuvre compétente d'union en offrant leurs produits sur le marché.
3. Suppression de toutes les banques privées et leur remplacement par une banque d'état.
4. Liberté absolue de la parole et de la presse en affaires publiques.
5. Élection des juges par le peuple.
6. Suppression des intérêts usuraires, tout intérêt supérieur au taux légal devant être déclaré criminel.
7. Extension de la juridiction du ministère du Travail.
8. Abolition du Sénat.
9. Réglementation de l'immigration.

10. Que les élections fédérales aient lieu à date fixe, tous les quatre ans, sans égard aux élections générales imprévues, pouvant avoir été tenues dans l'intervalle.

11. Les terres publiques doivent être déclarées inaliénables ; révocation de tout octroi de terre à des corporations ou à des individus qui n'ont pas rempli les conditions exigées par la loi.

12. Création d'un crédit agricole.

13. L'abolition de tout entraînement ou enseignement d'histoire militaires et d'idéals de guerre dans les écoles et les collèges.

PROVINCIAL

1. Nomination d'un ministère de l'Instruction publique.
2. Instruction gratuite et obligatoire et livres gratuits sous le contrôle de l'école.
3. Loi établissant la responsabilité des patrons dans les accidents de travail.
4. Suppression du travail des prisons faisant concurrence au travail libre.
5. Accès plus facile aux tribunaux et droit de défense sans les services d'un avocat.
6. Création d'une caisse de prêt, afin de permettre aux fermiers de s'acheter une propriété.

[...]

9. Fermeture de bonne heure.
10. Abrogation de la loi abusive et tyrannique des maîtres et serviteurs.
11. Abolition du Conseil législatif.
12. Établissement de la journée de huit heures pour toutes les industries.
13. Interdiction aux municipalités de voter des subventions ou boni à des particuliers désireux d'établir une industrie privée dans leurs localités.
14. Nomination d'inspecteurs pour les études de notaires.
15. Suppression entière du droit de saisir les salaires et les meubles du ménage.
16. Prohibition du travail des enfants âgés de moins de seize ans.
17. Abrogation de la loi permettant d'accorder des privilèges de chasse et de pêche aux clubs, à l'exclusion des autres citoyens.
18. Macadamisage et entretien des routes par l'état.
19. Que les élections provinciales aient lieu à date fixe, tous les quatre ans, sans égard aux élections générales imprévues pouvant avoir été tenues dans l'intervalle.
20. Les terres publiques doivent être déclarées inaliénables ; révocation de tout octroi de terre à des corporations ou à des individus qui n'ont pas rempli les conditions exigées par la loi.

GÉNÉRAL

1. Que le jour des élections générales soit déclaré jour de fête légale obligatoire.
2. Le vote obligatoire.
3. Le suffrage universel.
4. Chaque électeur ne doit avoir droit qu'à un seul vote, un homme, un vote.
5. Abolition du système des travaux à forfait pour tous les travaux publics.
6. Nationalisation et municipalisation de toutes les utilités publiques et ressources naturelles.
7. Impôt progressif sur le revenu.
8. Que les étiquettes des unions ouvrières soient apposées sur toutes les marchandises produites et achetées par l'État et les municipalités.
9. Représentation proportionnelle à la population et abolition des quartiers municipaux.
10. Abolition du double mandat.
11. Législation directe par l'initiative, le referendum et le rappel.
12. Octroi de pensions adéquates aux soldats invalides, officiers et simples soldats, ou à leurs veuves ou aux membres de leur famille dont ils étaient le soutien.
13. Pensions aux mères de famille ayant des enfants à soutenir.
14. Création de réserves nationales de charbon et de bois.
15. L'abolition des dépôts monétaires des candidats pour élections municipales, provinciales et fédérales.
16. Liberté industrielle pour ceux qui travaillent et libération en politique de tous ceux à qui l'on a depuis si longtemps refusé de rendre justice.

CONSTITUTION ET RÈGLEMENTS[1]

1– NOM : Cette organisation sera appelée Le Parti Ouvrier du Canada, section de la Province de Québec.

2– BUT : a) Organiser, instruire et consolider le vote ouvrier dans la Province de Québec afin de coopérer avec les autres provinces pour en arriver à une unité d'action politique dans tout le Canada et de procurer à ceux qui peinent le fruit de leur labeur ainsi que la reconnaissance de la lutte de classe pour défendre l'organisation sur le terrain politique et industriel à la seule fin de remettre à la classe ouvrière les ressources naturelles et les moyens de production.

---

1. [Extraits choisis par nous.]

b) Procurer des fonds aux fins d'organisation et pour l'avancement du travail dans le domaine politique, social et économique.

c) Voir à ce que toutes les personnes en sympathie avec la cause ouvrière qui ont droit de vote, soient portées sur les listes électorales fédérales, provinciales, municipales et autres.

3—   MEMBRES : Toute personne adulte qui croit en l'avancement du Travail, qui est séparée ou se sépare de tous les autres partis politiques, et qui, de son consentement, s'engage à adhérer au programme, à la constitution et aux règlements du Parti Ouvrier du Canada, section de la Province de Québec, peut être admise comme membre sur paiement de la cotisation annuelle.

4—   CONSTITUTION : Le Parti Ouvrier du Canada, section de la Province de Québec, se composera de :

a) Une Convention générale de délégués élus à cet effet.

b) Un Conseil Exécutif Provincial avec quartiers généraux à l'endroit que la Convention déterminera.

c) Des succursales instituées par charte dans toutes les divisions électorales et établies par l'autorité du Conseil Exécutif Provincial.

d) Des Unions ouvrières, clubs ouvriers, sociétés coopératives, cercles agricoles, clubs socialistes ou de fabiens, affiliés au Parti Ouvrier du Canada, section de la Province de Québec, suivant les dispositions du présent règlement.

[...]

26— AUTRES PARTIS POLITIQUES : Toute motion pour travailler de concert, se fusionner, ou coopérer en aucune manière avec un parti politique quelconque autre qu'un Parti ouvrier bona fide, ne sera pas prise en considération.

Parti ouvrier du Canada, section de la province de Québec, *Constitution et règlements*, Montréal, sans date.

27. PROGRAMME MUNICIPAL DE JOS. AINEY

2 mars 1918

Bien qu'un certain nombre de clubs ouvriers lui aient refusé leur appui, Jos. Ainey, alors président de la section provinciale du Parti ouvrier du Canada, reçoit l'appui du Conseil des métiers et du travail de Montréal, de son parti et du journal *la Presse*, pour se porter candidat à la mairie de Montréal, en avril 1918. Il sera tout de même défait par son adversaire, le maire sortant, Médéric Martin.

PROGRAMME DU COMMISSAIRE JOS. AINEY
Candidat du Peuple à la Mairie.

1.— Harmonie et bonne entente entre le Conseil et le Bureau des Administrateurs.

2.— Administration des affaires municipales sur des bases d'affaires.

3.— Plan d'ensemble pour le Montréal d'aujourd'hui et le Grand Montréal de demain.

4.— Extension de la bibliothèque publique par la création de succursales dans toutes les parties de la ville.

5.— Développement du système des marchés dans le but de réduire le coût de la vie.

6.— Règlement de la question des abattoirs.

7.— Développement de nos parcs et terrains de jeux.

8.— Création d'une commission de Service Civil.

9.— Améliorer le service de l'eau et alimentation au meilleur marché possible pour toute la ville.

10.— Salaire pour les hommes de métier suivant le tarif des unions ouvrières.

Le Monde ouvrier, 2 mars 1918.

28. LA «ONE BIG UNION»
mars 1919, août 1920

Le projet d'une «One Big Union», c'est-à-dire d'une seule centrale syndicale constituée sur le principe de l'unionisme industriel ayant pour principe de base l'action directe par le moyen de la grève générale, a été formulé pour la première fois lors de la Conférence du travail de l'Ouest canadien (Western Canada Labour Conference), en mars 1919. À cette conférence il avait été décidé de procéder à un référendum auprès des organisations ouvrières à travers tout le Canada portant sur les principes de l'OBU et appelant à la grève générale le 1er juin 1919 afin d'obtenir la reconnaissance de certaines revendications, dont la journée de six heures. Le résultat encourageant de ce référendum (cent unions représentant vingt-quatre mille deux cent trente-neuf membres se prononcèrent en faveur) amena les dirigeants de ce mouvement à tenir une autre conférence en juin 1919, où il fut décidé qu'un congrès officiel de fondation aurait lieu à Winnipeg en janvier 1920.

CONSTITUTION AND LAWS OF THE ONE BIG UNION

Preamble

Modern industrial society is divided into two classes, those who possess and do not produce and those who produce and do not possess. Alongside this main division all other classifications fade into insignifiance. Between these two classes a continual struggle takes place. As with buyers and sellers of any commodity there exists a struggle on the one-hand of the buyer to buy as cheaply as possible, and, on the other, of the seller to sell for as much as possible, so with the buyers and sellers of labour power. In the struggle over the purchase and sale of labour power the buyers are always masters — the sellers always workers. From this fact arises the inevitable class struggle.

As industry develops and ownership becomes concentrated more and more into fewer hands ; as the control of the economy forces of society become more and more the sole property of imperialistic finance, it becomes apparent that the workers, in order to sell their labour power with any degree of success, must extend their forms of organization in accordance with changing industrial methods. Compelled to organize for self-defence they are further compelled to educate themselves in preparation for the social change which economic developments will produce whether they seek it or not.

The One Big Union, therefore, seeks to organize the wage worker, not according to craft but according to industry ; according to class and class needs, and calls upon all workers to organize irrespective of nationality, sex or craft, into a workers' organization, so that they may be enabled to more successfully carry on the every day fight over wages, hours of work, etc., and prepare themselves for the day when production for profit shall be replaced by production for use.

WORKERS OF THE WORLD UNITE.

Canada, Ministère du Travail, *Information Respecting the Russian Soviet System and its Propaganda in North America*, Ottawa, Imprimeur du roi, 1920.

29. LE CONSEIL DES MÉTIERS ET DU TRAVAIL DE MONTRÉAL ET LA «ONE BIG UNION»

mai 1919

Texte de la résolution du Comité exécutif du Conseil des métiers et du travail de Montréal chargé d'étudier la question de la «One Big Union». Cette résolution témoigne de l'hostilité des unions internationales, particulièrement dans l'Est du Canada, face au mouvement de syndicalisation sur une base industrielle représenté par la «One Big Union». Seuls deux délégués de l'Union des machinistes, Kerrigan et Baugh, se déclarèrent favorables à la nouvelle centrale.

Attendu que partout où les ouvriers se sont organisés sous l'égide des Unions Internationales, leurs salaires se sont élevés et leurs conditions de travail grandement améliorées ;

Attendu que les avantages et bénéfices ainsi acquis par le mouvement trade-unioniste peuvent être maintenus et augmentés par une plus grande solidarité entre les travailleurs et les unions de différents corps de métier travaillant dans la même industrie, au moyen d'un système du Conseil des Métiers Alliés ou de Fédération de Métiers ;

Attendu que les promoteurs de ce mouvement dit «One Big Union», ne nous offrent rien de précis, ni de progressif et que toute leur campagne de propagande est basée sur le dénigrement, la calomnie et les injures pour le mouvement qui leur a permis d'améliorer leur propre situation ;

Attendu que l'introduction d'un nouveau système d'organisation ouvrière au Canada ne peut que diviser le travail organisé, induire les ouvriers en erreur, leur faire perdre un grand nombre des avantages et bénéfices, et les mettre à la merci de l'exploitation des capitalistes qui ne cherchent qu'à créer et à profiter de la division dans les rangs de la classe ouvrière ;

Qu'il soit résolu : Que le Conseil des Métiers et du Travail de Montréal réitère son inébranlable volonté de rester fidèle au mouvement trade-unioniste international et se prononce catégoriquement contre le mouvement dit «One Big Union», comme étant contraire aux meilleurs intérêts de la classe ouvrière ;

Et qu'il soit de plus résolu : Que ce Conseil recommande à toutes les unions affiliées de prendre la même attitude et de travailler sans relâche à resserrer les liens de solidarité qui unissent tous les travailleurs sous l'égide des Unions Internationales et du Congrès des Métiers et du Travail du Canada.

Le Monde ouvrier, 3 mai 1919.

30. LE PARTI OUVRIER ET LA «ONE BIG UNION»
16 août 1919

Cet article dénonce la prise de position de l'Assemblée de Montréal du Parti ouvrier en faveur de la «One Big Union», position déjà fortement condamnée par plusieurs clubs ouvriers et syndicats locaux. Cette prise de position fera l'objet de nombreux débats au Conseil des métiers et du travail de Montréal, où les principes de la «One Big Union» et la grève générale ont été rejetés. Au congrès de novembre 1919, un vote de blâme pour avoir appuyé la «One Big Union» ralliera une majorité de soixante-dix-huit voix contre cinquante-quatre.

Une situation grave, menaçante même pour l'avenir du travail organisé et pour l'avancement de la classe ouvrière, en ce pays, règne actuellement à Montréal. La question de la «One Big Union» tend à jeter la division dans les rangs des travailleurs de notre ville. Elle finira, si l'on n'y met assez tôt le «hola» par creuser, entre les ouvriers, des abîmes si profonds qu'il deviendra ensuite impossible de les combler.

Deux corps centraux du travail organisé existent à Montréal, pour diriger le mouvement ouvrier vers le but que se proposent généralement d'atteindre les organisations ouvrières de tous les pays du monde : l'amélioration du sort des travailleurs. Ces deux corps sont : le Conseil des Métiers et du Travail, qui doit plus spécialement couvrir le vaste terrain des questions économiques : le second, le Parti Ouvrier, a pour mission de diriger l'opinion ouvrière dans les sentiers, parfois difficiles et délicats, de la politique.

Le Conseil des Métiers et du Travail et le Parti Ouvrier peuvent être comparés à deux flèches, pour le même arc, aux mains de la classe ouvrière. Le simple bon sens demande qu'un arc tire toujours sur l'ennemi, et non sur les amis.

Si l'on en croit les rapports qui sont faits de ce qui se passe dans les unions, actuellement, on ne peut douter que les membres des unions internationales, de Montréal, sont fatigués de la compagnie de cette poignée de farceurs, qui semblent avoir pris le contrôle du Parti Ouvrier, et qu'ils se disposent soit à se retirer du parti, tel que constitué aujourd'hui, ou bien à prier les autres de passer la porte.

En conclusion, nous nous permettons de poser cette question, à qui voudra y répondre : Quel est le corps central du travail organisé qui représente le mieux les aspirations politiques et sociales de la masse des travailleurs de Montréal ? Est-ce le Parti Ouvrier, est-ce la O.B.U., avec sans se rendre compte si jamais on sera capable de rien relever ? Ou bien est-ce le Conseil des Métiers et du Travail, le Congrès des Métiers et du Travail, la Fédération Américaine du Travail et les unions ouvrières qui, par un travail incessant, mesuré, pondéré, sage, tendent non pas à détruire, mais à construire et à reconstruire encore. L'espoir d'arriver un jour à faire règner la justice, et avec elle, la plus grande somme de bonheur possible pour la classe des travailleurs ?

Dans les conditions où en sont arrivées les choses, deux alternatives s'imposent, dans l'intérêt supérieur du travail organisé : Le Parti Ouvrier doit se soumettre ou se démettre.

Le Monde ouvrier, 16 août 1919.

31. « LES CAUSES DU MALAISE » : MÉMOIRE À LA COMMISSION INDUSTRIELLE

31 mai 1919

À une conférence du patronat canadien réunie le 27 mars 1919 par le ministre fédéral du Travail, Gédéon D. Robertson, «pour arrêter les moyens les plus efficaces par lesquels les meilleures relations possibles pourraient être établies entre le Capital et le Travail», on approuve unanimement la création d'une commission royale d'enquête sur les relations industrielles. Composée de huit personnes, dont deux représentants du public (un sénateur et un député...), deux représentants du patronat et deux représentants des ouvriers (Tom Moore, président du Conseil des métiers et du travail du Canada et J. W. Bruce, membre de la Commission d'appel du travail), du 28 avril au 13 juin, la Commission tient soixante-dix séances dans vingt-huit centres industriels du Canada et examine quelque quatre cent quatre-vingt-six mémoires différents, dont celui du Conseil des métiers et du travail de Montréal présenté aux commissaires-enquêteurs le 30 mai.

[...] Le Conseil des Métiers et du Travail était représenté par les délégués J.-T. Foster, J. Gauthier, Gus. Francq, A. Mathieu et A. Gariépy, qui présentèrent des documents importants. Parmi les raisons invoquées par le Conseil comme étant la cause du malaise qui existe actuellement, nous copions les suivantes :

1.   Les ouvriers ne sont pas assez représentés dans les corps gouvernants. Nous trouvons la faute dans le fait que la grande majorité de nos législateurs sont des avocats qui ne connaissent que très peu les pratiques manufacturières et encore moins les conditions sous lesquelles la classe ouvrière est requise de vivre.

2.   La conviction croissante que le présent gouvernement est largement contrôlé par le vote des agriculteurs de l'Ouest. Et comme fait, aucun effort réel, ayant pour but le contrôle du prix des vivres n'a été fait.

3.   La situation est accentuée par le délai du gouvernement dans le programme de rapatriation (*sic*) et le rétablissement civil des soldats.

4.   Le défaut du gouvernement de formuler des plans compréhensibles et pratiques quant à l'issue de son programme de reconstruction.

5.   Le mécontentement du peuple, provenant de la question des obligations non taxables, qui a dans une grande mesure fait retomber la dette de guerre et ses futures obligations sur le dos des ouvriers.

6.   La suppression de la libre parole de la presse, le droit d'assemblée et autres restrictions émanant d'ordres-en-conseil sont directement responsables de ce ressentiment sensible.

7.   Le défaut du gouvernement de remédier à la situation des sans-travail par des projets de construction de travaux publics et son inertie à développer le programme de construction navale.

8.   L'établissement d'un système élaboré de crédit par tout le Canada parmi les fermiers, les vendeurs en gros et les détailleurs (*sic*) a créé des charges d'intérêt excessives qui multiplient les fardeaux non seulement du consommateur mais de tous ceux qui sont concernés.

10.   Le manque de système, par lequel un salaire minimum légal pourrait être établi en accord avec le coût de la vie, ainsi que pour la réduction des heures de travail en rapport à la production. Opposition au contrat collectif parmi les employeurs qui a retardé le progrès dans cette direction.

11.   La dépréciation continuelle du pouvoir d'achat du dollar et la crainte d'un chômage constant peuvent être désignées comme causes fondamentales de ce malaise.

12.   Incertitude de la politique fiscale qui a occasionné une baisse dans les affaires et causé le chômage.

Le Monde ouvrier, 31 mai 1919.

32. PROGRAMME PROVINCIAL DU PARTI OUVRIER
3 juin 1919

À l'élection provinciale du 23 juin 1919, Alfred Mathieu et Adélard Laurendeau, tous deux membres de la Fraternité des wagonniers, se présentent respectivement dans les comtés de Sainte-Marie et de Maisonneuve. Ils reçoivent l'appui du Parti ouvrier de la province de Québec dont ils défendent le programme. Laurendeau sera élu dans Maisonneuve tandis que son confrère Mathieu sera défait dans Sainte-Marie.

1.   La liberté de la parole et de la presse dans toute affaire concernant l'intérêt public.

2.   L'abolition des dépôts d'élection et des qualifications foncières.

3.   Le suffrage universel.

4.   Municipalisation des utilités publiques et des ressources naturelles.

5.   Que l'administration de la ville soit élue par le peuple en général, avec représentation proportionnelle.
L'initiative, le referendum et le droit de rappel.

6.   Liberté industrielle, sociale et économique du peuple et spécialement de ceux qui dépendent exclusivement de leur travail manuel ou intellectuel pour subvenir à leurs besoins de vivre.

7.   Abolition des baux annuels.

La Patrie, 3 juin 1919.

33. LE DÉBAT SUR LA RÉVOLUTION RUSSE
1919

Dès la fin de 1917, la révolution russe d'octobre fera l'objet de nombreuses discussions au sein des organisations ouvrières. Nous publions la position de deux leaders qui ont marqué l'histoire du mouvement ouvrier durant les années 1910-1920 : Gustave Francq, leader des Unions de métiers et un des représentants les plus typiques de Samuel Gompers au Canada, et, Albert Saint-Martin, leader de la section montréalaise du Parti socialiste et des organisations de sans-travail à Montréal.

MY QUARREL WITH BOLSHEVISM

When the workers of Russia gained control of the government of their country after long years of oppression, labor throughout the whole civilized world had high expectations of the new system that would replace autocracy. Here indeed appeared an opportunity of opportunities to establish an ideal form of popular government. The old order of things had been swept away in the torrent of revolution. The old rulers with their bureaucratic methods, their tyrannies and their cruelties had been eliminated as with a surgeon's knife. There was virgin soil upon which to cultivate a new order of things. There was at hand the raw materials out of which a democratic Republic could be formed. There was a legislation that might be used as a model for future democraties.

How far short of these expectations is the tragedy of Russia as we behold it today ! I confess that in this bitter disappointment I find one of the outstanding reasons for by hatred of Bolshevism. It is not only what Bolshevism has done to Russia that must give concern to those who are working for the emancipation of labor. It is what Bolshevism has done to the cause of labor in the great world outside of Russia. The regime of Lenine and Trotsky has denied to the laborers of the world the fruits of an experiment in popular government from which mighty results would have flowed. It has fastened its ugly name and hideous acts on the legitimate aspirations of Labor so that in all too many instances labor's forward movements are represented by unprincipled and greedy capitalists as an offspring of Russian Bolshevism.

Russian Bolshevism has placed the cause of labor in Canada and in other countries on the defensive where it has a right to be on the aggressive. Instead of helping organized labor it has handed a weapon to capitalism, a weapon which capitalism has shown a readiness to wield without mercy and whithout scruple. Bolshevism is becoming the popular name for every wholesome movement undertaken in the name of labor. For this, if for no other reason, organized labor has more reason to abhor Bolshevism, more reason to condemn it, and more reason to disown it by word and act than smug-faced capitalism in England and America which has really found in Lenine and Trotsky allies of priceless value.

When I condemn Bolshevism I do not by any means admit ignorance of the causes which have brought it into being. Bolshevism flowed from the sufferings of serfs who had been oppressed and exploited for centuries. It is the offspring of a system that for too long a time allowed the few to be too rich and the many to remain poor. It has been brought forth amidst the sufferings the tears and the sorrows of millions of moujiks ; by the license and debauchery exercised by a heartless and pitiless aristocracy.

Bolshevism could take root only in the barren land of ignorance and superstition. It could find followers only among the illiterate multitudes bent over a bloo-stained soil producing nothing but thorns and brambles. It could have been avoided if the Russian people had been given laws based on equity and justice ; if there had been fewer knouts and more books, fewer gaols and more school-houses, less superstition and more education, fewer convict keepers and more teachers. Russian autocracy under the Czar preferred to choke the great voice of the people in their natural thirst for liberty and reform. It preferred to put them to death by thousands, ignoring the fact that violence calls for violence, that truth does not stop going forward and that to deny the people the reforms they demand peacefully is to run the risk that it may do justice to itself and gain those reforms by force. This inexorable principle of human progress was flouted by the Russian autocracy. Will it be flouted also by capitalism at whose door the people of the world are knocking as insistently as the Russian workmen and peasants knocked at the door of the Czar ?

Violence and injustice have replied to violence and injustice in Russia with a vengeance, but the Russian people are as far from emancipation as they were before. The dictatorship of the Czar has been succeeded by the dictatorship of Lenine and Trotsky, carrying with it murder, misery and oppression. The law of brute force is exercised with ferocious energy. The doctrines of equality preached by the apostles of an emancipated proletariat have been engulfed in a storm of popular revolt. The world is confrontered with the dictatorship of a proletariat all the more dangerous that it is ignorant, all the more cruel that it has never seen anything but violence, all the more eager for possession and enjoyment that it has ever lived in black poverty and that life has always been for it a long nightmare of sorrow and grief.

The reaction of Russia has been terrible, but it overshot its mark. It is not the apostles of thought who have seen the triumph of their ideas ; it has not been those who were seeking a real emancipation of the people by just laws and the establisment of a truly democratic government — guaranteeing to all complete and full liberty — that become rulers in this social revolution. The leaders of Labor in Russia were ignored and despised. Their long years of effort and sacrifice were rendered useless. They were put to death by a pack giving vent to its passions after having chosen for its leaders men of brutal desires, men devoid of ideals and sincerity. These men became the oppressors of a rising democracy and were using the proletariat to proclaim themselves dictators and autocrats, choking with terrorism the protestations of their victims, ruling through the satisfied appeties of their supporters, and converting the reign of a proletariat conscious of its rights, but also of its duties, into a shameless and bloody dictatorship.

Under a so-called socialist and communist regime, all the institutions which constitute real democracy have been destroyed, brute force and violence have been used to suppress or oppress all who opposed the creation of political and economic tyranny.

No system of democratic government designed to endure can be instituted unless based on justice, liberty and equality of all before the law. To confiscate the property, wealth, industry and trade of a citizen because he does not belong to the proletariat is to commit injustice, even if such confiscation were made in the interest of the masses. To deprive this same individual of his rights as a citizen after having despoiled him, to punish him because he has owned property, is to commit a real crime and to act contrary to sound democratic doctrine.

A country may and should control all its means of production and distribution. That object is realisable and necessary for the welfare of all ; but no society can declare itself connected with democracy if it is creating inequalities amongst its citizens. The control of the state must reside in the participation of all and not only in that of a class or a caste, be it military or capitalist, be it composed of laborers, peasants and soldiers.

The Bolshevist system is contrary to the development of democracy because it is nothing short of a dictatorship based on crime, injustice and inequality before the law ; it is intolerance itself and has adopted for its motto : Liberty in its widest form for a class but complete oppression for the others.

Indeed, this is the opinion of the best informed socialists, and of the most enlightened labor leaders of the world, as expressed by the International Socialist and Labor Conference held in Berne (Switzerland), last February, by the adoption of the resolution entitled «Democracy and Dictatorship», a resolution supported by the delegations of Sweden, Germany, Russia, Estonia, Lettland, Georgia, Alsace,

Argentina, Denmark, Bulgaria, Armenia, Hungary, Finland, Great Britain, Poland, Canada, Ukrainia, the minority of France and Italy, and the half of the delegation from German Austria. This famous resolution contained the following :

DEMOCRACY AND DICTATORSHIP

A. — Resolution of the Commission

«The Conference hails with joy the tremendous political revolutions which in Russia, Austria-Hungary and Germany have shattered the old imperialist and militarist regimes and have overthrown their governments. The Conference launches an urgent appeal to the Socialists and workers of these countries to build up democratic and republican institutions on the basis of which the great work of Socialist reconstruction may be accomplished. In these decisive times, when the problem of the socialist reconstruction of the world becomes even more pressing and urgent, the working masses must unanimously decide upon a clear plan of action which will lead to their emancipation.

«In full agreement with all previous congresses of the International, the Berne conference takes a decided stand upon the principles of democracy. The reorganization of society, as it becomes more and more permeated with socialism, cannot be realized, much less established, unless it rests upon the triumph of democracy and is firmly rooted in the principles of liberty.

«The institutions which form the basis of all democracy : liberty of speech and the press, the right of assembly, universal suffrage, the parliamentary system, with governmental responsibilites, the right of coalition, &c., provide the working masses with the instruments necessary for carrying on their struggles.

«As the result of recent events the Conference desires to make the constructive character of the Socialist program absolutely clear to all. Socialization consists in the methodical development of different branches of economic activity under the control of democracy. The arbitrary taking over of a few undertakings with a large number of shareholders.

«Since in the opinion of the Conference the effective development of Socialism is only possible under democratic law, it follows that it is essential to eliminate from the outset all methods of socialization which would have no chance of gaining the adhesion of the majority of the people.

«Such dictatorship would be all the more dangerous if it rested upon the support of only one section of the proletariat. The inevitable consequence of such a regime could only be to paralyse the forces of the proletariat by fratricidal war. The result would be the dictatorship of reaction.»

The foregoing resolution is really a formal and categorical condemnation of the Bolshevist system which is self explanatory. It is to be deplored that a certain group of workers in Canada still believe that Bolshevism can bring to them social emancipation and can put an end to all their evils. It is a fatal doctrine which needs no further refutation than the crimes and miseries that have attended the rule of Lenine and Trotsky in Russia from the beginning of their dictatorship to the present day. Concerning these crimes and miseries there are in labor circles divergent views and conclusions. There are those who believe that the sins of Lenine and Trotsky have been exaggerated in the interest of capitalism and that the Russia of today is not the land of murder, hunger and desolation it is reprensed to be. I have made an earnest endeavor to get at the truth of these charges and counter charges...

Gustave Francq, «Bolshevism or Trades Unionism – Which ?»,
The Montreal Labor World, 1919, p. 3 à 8.

T'AS MENTI !

Je demande pardon au lecteur si je suis obligé, parfois de blesser ses susceptibilités, mais il me faut appeler un chat : «un chat». Honni soit qui mal y pense.

Dans tous les pays, on est convenu d'appeler «bourgeoisie» l'ensemble ou la classe des membres de la société qui vivent de profit ; de même qu'on appelle «prolétariat» l'ensemble ou la classe des membres de la société qui travaillent à salaire.

De plus, il y a certains membres du prolétariat qui, pour des considérations économiques (places, honneurs, argent) prostituent leur pinceau, leur plume ou leur parole, au plus haut et dernier enchérisseur, la bourgeoisie. Ces prostitués ont reçu ordre de leur souteneur, d'apaiser le prolétariat et de prêcher l'harmonie entre le capital et le travail ; ils gagnent admirablement bien leur argent !

Dans les pays à navalisme ou à militarisme à outrance, comme en Angleterre, en France, en Allemagne, on peut dire que la bourgeoisie, en casque à pointe, y fait affaire sous la raison sociale de «Hanover & Cie», «Clémenceau & Cie» ou de «Hohenzollern & Cie».

Dans les pays à militarisme plus mitigé, tel que la Belgique ou la Russie la bourgeoisie, en chapeau de soie, y fait affaires sous la raison sociale de «Nicholas et Cie» ou de «Albert et Cie».

Dans les pays moins militaristes encore, tel que les États-Unis, le Canada, (avant la guerre), la bourgeoisie, en chapeau de paille, y fait affaires sous la rubrique «Wilson & Cie» ou «Borden & Cie».

Mais partout, c'est la bourgeoisie qui règne, quelle que soit l'enseigne ou la coiffure.

Dans tous les pays, cette bourgeoisie a établi une dictature absolue, en tout semblable à celle qui existe au Canada. Chacun sait que dans notre pays prétendu démocratique, les juges de paix, les grands jurés, les petits jurés, les échevins, les conseillers, les maîtres, les membres du Conseil Législatif, les sénateurs, doivent être pris exclusivement dans la bourgeoisie. Chacun sait que pour être élu député au fédéral ou au provincial, il faut appartenir, à de rares exceptions près, à l'un des grands partis politiques. Or, comme ces partis sont contrôlés par leur caisse électorale, seuls, les membres de la bourgeoisie, ou les prostitués du prolétariat, sont éligibles, même comme candidats.

Cette dictature de la bourgeoisie que nous avons au Canada existait partout, lorsque dans certains pays, notamment dans le sud du Mexique, la Russie, la Hongrie, la Sicile, l'Afghanistan, le prolétariat a secoué son joug, a délogé la bourgeoisie du pouvoir, et il a établi la dictature du prolétariat. Il est évident que cette dictature, par la nature même des choses, ne peut être que provisoire. Elle disparaîtra le jour où la bourgeoisie aura disparue après s'être fondue dans la future, seule et unique classe des travailleurs de la Terre. Il ne faut pas oublier que la bourgeoisie, en établissant sa dictature, entendait perpétuer un état de société où il y aurait deux classes, celle de la bourgeoisie, dominant et exploitant l'autre, celle du prolétariat. Au contraire, le prolétariat, en établissant sa dictature, entend abolir et de fait abolit ce régime social qui veut l'existence de deux classes. Ayant ainsi atteint son but (la bourgeoisie ayant été englobée dans l'unique classe des travailleurs), la dictature du prolétariat disparait par le fait même, car il ne reste plus qu'une seule classe, celle des travailleurs de la Terre qui se gouverne elle-même.

Lorsque le Kaiser a abdiqué, la bourgeoisie a enlevé son casque à pointe, s'est coiffée d'un chapeau de soie, et elle a passé un léger, un minuscule trait de plume sur son enseigne «Hohenzollern & Cie», en écrivant en dessous : «Scheidemann & Cie», «successeurs», et tout a été dit. Le régime social est demeuré le même. Aussi, vous n'entendez jamais la bourgeoisie mondiale se plaindre du changement en Allemagne. C'est encore la bourgeoisie qui y règne ; d'aucuns disent que le chapeau n'a pas même été changé, puisque l'état de société se nomme : «La République Impériale».

Il en aurait été de même en Russie, si la bourgeoisie eût pu établir sa dictature, comme partout ailleurs, sous le nom de «Kerensky & Cie» au lieu de «Nicholas & Cie», et nous n'aurions jamais entendu, de la part des capitalistes bourgeois, que des louanges à l'égard du bon peuple russe. Pourvu que l'ordre social ou le régime économique capitaliste n'ait pas été changé, tout y aurait été pour le mieux dans le meilleur des mondes.

Mais voilà, la Russie n'a pas voulu se contenter d'un changement de coiffure, elle a accompli la seule révolution digne de ce nom, la Révolution Economique.

Guidé par des hommes comme Lenine et Trotsky, le prolétariat a balayé la bourgeoisie du pouvoir et ayant établi la dictature du prolétariat, il a procédé paisiblement et méthodiquement à transformer le régime social selon ses désirs. Il s'est d'abord donné une forme de gouvernement (le soviet) conforme à ses besoins. Pour mettre fin à toute exploitation de l'homme par l'homme, il a aboli le principe même de la propriété privée. Pour faire disparaître toute forme de profit, il s'est chargé lui-même de la production et de la distribution de sa richesse. Enfin, pour combattre l'ignorance, il a établi des milliers d'écoles nouvelles, à tel point, que le peuple illettré est passé de la statistique de 85 pour cent à celle de 40 pour cent dans l'espace de trois mois ; et ce tout en décrétant la liberté religieuse. De plus, pour conserver la santé des mères et des enfants, il a établi des maternités partout.

Comme question de fait, les progrès accomplis étaient si rapides, frappants et si extraordinaires, que la bourgeoisie mondiale a vite compris qu'elle était en face d'un danger imminent pour sa domination ; elle s'est de suite rendu compte que si les peuples de l'univers apprenaient jamais quels bienfaits énormes résultent de la dictature du prolétariat, ils suivraient l'exemple du peuple Russe et délogeraient la classe bourgeoise du pouvoir.

L'exemple est entraînant, chaque peuple se serait dit : puisque le prolétariat Russe s'est débarrassé du règne de la bourgeoisie et s'en trouve si bien, pourquoi ne pas faire comme lui ? Si la bourgeoisie mondiale voulait continuer sa domination, il fallait donc de toute nécessité que la révolution russe fût écrasée.

Pour atteindre ce résultat, la bourgeoisie ne pouvait pas compter sur le peuple russe ; ce dernier savait trop à quoi s'en tenir, il ne consentirait jamais à retourner à l'ancien régime. Il ne restait plus qu'un seul moyen ; «l'invasion», pour forcer la nation russe à se soumettre à la domination bourgeoise.

Seulement, la bourgeoisie ne va pas à la guerre ; elle est bien trop intelligente pour cela ; elle préfère vendre de la mitraille, des ferrailles, des armes, des habits et tout le fourniment ; elle y trouve son profit. Elle aime bien mieux spéculer sur les nécessités de la vie, c'est plus sûr pour sa peau et plus payant pour sa bourse. Elle préfère se servir dans chaque pays de son comité exécutif, «le gouvernement», pour envoyer les peuples s'entr'égorger, sous le fallacieux prétexte de patriotisme.

Mais les peuples deviennent récalcitrants, ils voient un peu partout le jeu de la bourgeoisie ; ils commencent à en avoir plein le dos des guerres. Aussi la bourgeoisie est-elle obligée d'adopter une tactique différente pour mijoter, ordonner et exécuter la guerre contre le prolétariat russe, et voici quelle a été sa tactique :

D'une part, elle a commencé par isoler les travailleurs de la Russie du reste de l'univers ; elle a établi ce que Pichon, le comparse de Clémenceau appelle euphoriquement «un cordon sanitaire».

D'autre part, après avoir empêché toute communication, par télégraphie sans fil, par téléphone, par télégraphe, par journaux, par livres, par correspondances, par personnes, de sortir de la Russie ; après avoir mis en prison, dans tous les pays, quiconque voulait renseigner ses semblables sur ce qui se passait en Russie et avoir, par force, empêché la vérité de se répandre, elle a entrepris, par les dépêches de la Presse associée, par les écrits et les discours de ses prostitués, par ses journaux, par ses gouvernements, par ses clergés, par ses vues animées, en un mot par tous les moyens de propagande à sa disposition, elle a entrepris, dis-je, une campagne de dénigrement, de mensonges, de diffamations odieuses, d'accusations de tous les crimes imaginables et inimaginables contre la République Soviette de Russie.

Au dire de la bourgeoisie et de ses prostitués, les bolchévistes auraient décrété la nationalisation des femmes, auraient martyrisé et massacré les prêtres, les nobles, les bourgeois, les travailleurs, les femmes, et les enfants.

Bref à les entendre, le bolchévisme est une bête immonde ; c'est une plaie mondiale, pire que l'influenza ; c'est enfin l'abomination de la désolation ; et cela tout en ayant bien soin de ne jamais nous laisser entendre d'autre son que celui de leur cloche.

Eh bien, en face de cet amas d'accusations venant de la bourgeoisie mondiale, je lui réponds catégoriquement, hautement et fermement :

T'AS MENTI ! ! !

Albert Saint-Martin, *T'as menti*, publié par la section de langue française du Parti socialiste du Canada, 1920, 39 pages.

34. PROGRAMME DU PARTI COMMUNISTE DU CANADA
1919

En février 1919, sur l'invitation du secrétaire de la section torontoise du Parti social-démocrate du Canada, Niznevitch, les principaux militants socialistes de cette ville tiennent une conférence pour discuter du congrès qui doit se tenir le mois suivant à Moscou pour donner naissance à une IIIe Internationale communiste et de l'opportunité de fonder un parti communiste canadien. Cette réunion ayant été dispersée par la police et certains de ses participants déportés ou emprisonnés, il semble que les activités des premiers communistes canadiens ne se soient pas arrêtées là puisque le premier mai 1919, à la manifestation socialiste de Montréal (réunissant cette année-là de trois à cinq mille personnes) était distribué le programme du Parti communiste du Canada signé par son comité central exécutif.
Ce premier Parti communiste canadien semble cependant n'avoir eu qu'une existence formelle car jusqu'au moment de la fondation définitive d'un tel parti, en mai 1921, les communistes canadiens furent pratiquement tous membres à titre individuel d'un des deux partis communistes américains existant à cette époque.

PROGRAMME OF THE COMMUNIST PARTY OF CANADA

The object of the Communist Party of Canada is to organize and prepare the working class in Canada for the Social Revolution and the establishment of the Dictatorship of the Proletariat. The revolutionnary section of the working class must take the lead in the class struggle against the bourgeoisie, and by agitation prepare the mass of the workers for the decisive struggle for the establishment of communism.

The tactics of the Socialist parties hitherto have been to use the political institutions of capitalism. Two reasons are usually given to support these tactics : (1) That all the workers have to do is to elect a majority to the House of Commons and «legislate the capitalists out of business,» and in the meantime advocate social reforms which will make the process of growing into Socialism easier. (2) That the

House of Commons can be used for agitation purposes. Both of these reasons were shown to be usuless by the events of the war of 1914-18. These Parliamentary Socialist parties either collapsed into one or the other of the Imperialist camps or degenerated into mere pacifist organizations howling about the horror of blood-shed and the abolition of «elementary rights» such as free speech and press. Both groups demanded peace, but did not demand or work for a workers' peace based upon the triumph of the workers over the capitalist class. Their whole conduct proves that they could not conceive of any action not based upon the use of the institutions of capitalism. The destruction of the capitalist State machinery and the building up of worker' institutions never occurred to them — the majority. Socialist forgets nothing and learn nothing.

The seizure of power by the workers of Russia, under the leadership of the Bolshevik Communist Party in November, 1917, marks the turning point in the (con)ception of Socialist tactics. The old parliamentary programs were subjected to criticism and slowly in each country arose groups of workers advocating the tactics of the Bolsheviki. Of course many of these groups consisted of «revolu-tionnary phrase makers» who accepted these tactics in word, but not in deed. These phrase makers are typified by wanting to use parliament for «agitation».

The tactics of the Bolsheviki are based upon the fact that we do not need the institutions of capitalism for our emancipation, but we must destroy them and substitute our institutions in their place, and the success of the social revolu-tion can only be assured by the arming of the workers and the disarming of the capitalist class and its followers.

The Communist Party of Canada builds its facts upon this basis. We oppose the use of parliamentary action as a snare and delusion. We know that parliament, even when filled with capitalist representatives, is only a debating chamber, and has no executive power whatever. The parliamentarians are the best safeguard of capitalism against the attacks of the workers. Instead of relying upon capitalist institutions, our business is to urge the workers to seize power and destroy the rule of the bourgeois.

The Communist Party does not worry about reorganizing the Trade Union movement ; we do not propose to fritter away our forces in guerrilla warfare with the capitalist class about better conditions under capitalism. It is inevitable that the workers, in their instinctive revolt against the conditions imposed upon them under capitalism should seek some means of defence against this oppression. Thus rises trades unionism and later industrial unionism. It is our duty to point out the limitations of these means of defence and urge them to take offensive measures against capitalism.

The role of the general strike in the social revolution is that it prepares the way for the civil war between the workers and capitalists. To say that by the general strike alone the workers can emancipate themselves is ridiculous —

it is only part of the action necessary for the overthrow of capitalism. It is a common saying that the workers control in industry, their «economic power» and so on, but we must recognize that the workers, by refusing to work do not destroy industry by refusing to work. To destroy a thing is one thing, to control it is another. A strike by the workers could make it impossible for the capitalist to extract profits — but that does not give the workers control of industry. The workers must not only make it impossible for the capitalist to rule — they must take over society and rule themselves.

The Communist Party of Canada entirely support the Communists of Europe in their action not only in words, but we are determined to take the same actions in Canada. The elemental revolt of the mass of the workers against the Imperialist Autocracy is coming soon on this continent, the autocracy will fall and some «popular» leader from the «labor movement» will be called in to save capitalism, supported by the moderate Socialists, then the Communists must step into action and destroy capitalism and establish communism.

Then will come the time for the putting into practice of our program as follows :

1)   The first act in the revolution of the proletariat is the forcible seizure of the governmental power and the establishment of the dictatorship of the proletariat.

2)   The complete destruction of all capitalist political institutions and the substitution of Workers', Peasants' and Soldiers' Councils as the governing authority.

3)   The abolition of the standing army, disarming of the capitalists and their followers (especially police officers and army officers), and the arming of the fighting proleriat leading to the establishment of the Red Guard.

4)   The abolition of all law courts, and the substitution for them of revolutionary tribunals.

5)   The confiscation of all private property without compensation, secret or open, including factories, mines, mills, railroads and real estate owned by individuals or corporations and used for profit-making. This confiscated property to be socialized, that is, to be made the property of the working class under workers' control.

6)   The confiscation of all banking accounts (excluding the small accounts of the workers), and the nationalization of the banking system.

7)   The handing over of the land to the agricultural laborers and poor farmers.

These are the first steps we must take in order to establish the rule of the proletariat. Society must be run in the interest of the workers alone (this constitutes a dictatorship of the proletariat) until such time as the bourgeoisie disappears and every member of society is a worker then, the dictatorship of the prolerariat, will become unnecessary.

Published by the
CENTRAL EXECUTIVE COMMITTEE.

35. L'ÉGLISE ET L'ORGANISATION OUVRIÈRE

1919

La position de l'Église catholique étant souvent attaquée par des leaders syndicalistes, celle-ci répond en donnant sa conception du syndicalisme chrétien. Les catholiques sociaux s'efforcent de démontrer son caractère prosyndical tant au Canada que dans le reste du monde.
Nous reproduisons un texte du R. P. Joseph Papin Archambault, s. j. , *l'Église et l'organisation ouvrière*. La section reproduite est consacrée au rôle qu'attribue l'Église catholique au syndicalisme sous la juridiction du clergé.

INSTRUMENT DE PACIFICATION SOCIALE

Quand on leur présentera un syndicat national catholique, composé de bons ouvriers, réglé par des constitutions s'inspirant de la doctrine sociale de l'Église, dirigé par un aumônier, croit-on qu'ils persévéreront dans leur attitude hostile ? Quelques-uns peut-être, ceux qu'aveugle complètement l'égoïsme et qui profitent de la faiblesse de l'ouvrier pour lui imposer des salaires de famine et s'engraisser à ses dépens ; mais la majorité, non certes !

La plupart comprendront toute la valeur d'une telle organisation : quelle digue elle impose à la marée montante des idées révolutionnaires, quel ordre et quelle discipline elle apporte dans le chaos des forces ouvrières, quel large terrain de rencontre elle fournit pour les relations nécessaires entre le capital et le travail.

Si quelques industries sont obligées, sous l'action du syndicat, d'élever le salaire de leurs employés jugé insuffisant, d'améliorer les conditions d'hygiène morale et matérielle dans lesquelles ils travaillent, et par conséquent d'encourir des dépenses qu'elles avaient pu jusque là éviter ; elles bénéficieront, par contre, de nouveaux et précieux avantages qui fourniront ample compensation.

Le syndicat catholique augmente la valeur, et donc, le rendement de l'ouvrier. Il le rend, par ses cours et ses réunions, professionnellement plus intelligent et moralement meilleur. Il le préserve des revendications excessives et des folles équipées. Il peut même protéger les patrons honnêtes contre la concurrence ruineuse de quelques-uns de leurs collègues, oublieux de certains engagements collectifs et dont il sera en mesure d'exiger l'accomplissement.

Ainsi, loin d'être une machine de guerre, le syndicat, basé sur les principes chrétiens, devient un grand instrument de pacification sociale. En l'encourageant de préférence à tout autre, l'Église travaille efficacement, au Canada comme ailleurs, à assurer l'organisation des ouvriers, à la faire reconnaître par les patrons, à l'établir comme un des principaux éléments d'une solide et juste reconstruction sociale. Au lieu de lui reprocher cette attitude, tous les vrais amis de l'ordre, à quelque classe qu'ils appartiennent, ne doivent-ils pas lui en être infiniment reconnaissants ? Ne doivent-ils pas collaborer avec elle à l'établissement, par tout le pays, de puissants syndicats nationaux catholiques ?

La conclusion, nous semble-t-il, s'impose rigoureusement.

Joseph P. Archambault, *l'Église et l'organisation ouvrière,* Montréal, L'Œuvre des tracts n° 8, 1919, p. 10 - 11.

36. « LA VIE CHÈRE » – UNE ANALYSE DE JEAN VALJEAN II
1913

À l'automne de 1913 paraissait à Montréal une brochure de propagande socialiste signée du pseudonyme de Jean Valjean II. À part le fait que l'on sait que l'équipe de rédaction du journal libéral *le Pays* consacrait très souvent un espace relativement important de son édition hebdomadaire à la diffusion des idées des grandes figures du socialisme européen, et qu'à partir de mai 1913 paraissait dans ce même journal, pour quelques semaines, une chronique signée Jean Valjean, on ne connaît rien de la provenance exacte de cet écrit. La brochure dut connaître une certaine diffusion puisque l'année suivante, un des principaux militants de l'École sociale populaire de Montréal, Arthur Saint-Pierre, sentit le besoin de rédiger deux tracts intitulés *l'Utopie socialiste* pour faire contrepoids aux idées de Valjean.

Cette brochure de Valjean, dont nous ne reproduisons ici que des extraits, témoigne, par la justesse et la simplicité de son argumentation, d'une lucidité politique et d'un souci pédagogique réel.

I

PRODUCTIVITÉ DU TRAVAIL

Le problème de la vie chère, qui devient de plus en plus inquiétant, et qui préoccupe aujourd'hui tout le monde, nous a amené à faire les quelques réflexions qui vont suivre sur notre organisation économique et sociale ; car c'est dans cette organisation, évidemment, que se trouve la cause du mal, et c'est là, par conséquent qu'il faut chercher le remède.

[...]

IV
LE SYSTÈME CAPITALISTE. – SON PRINCIPE VICIEUX.
– ABSURDITÉ. – PLAIES NÉCESSAIRES.

Avec la propriété collective ou socialiste, tout ce qui est utilisé par la société et pour la société, tous les moyens de production et d'échange, seraient la propriété collective et commune de tous les membres de la société ; et la production au lieu d'avoir pour objet l'enrichissement de quelques-uns, aurait en vue de pourvoir aux besoins de tous en assurant à chacun l'équivalent du produit entier de son travail.

Évidemment, ce dernier mode de posséder serait plus équitable et devrait donner, s'il était applicable, de meilleurs résultats. Là-dessus, tout le monde est d'accord ; même ses adversaires les plus acharnés reconnaissent que le socialisme est un beau rêve ; mais, dit-on, ce n'est qu'une utopie, un rêve irréalisable, et ceux qui prêchent cette doctrine ne sont que de pauvres illuminés inconscients ou de dangereux perturbateurs, qui, par haine et envie, voudraient bouleverser l'ordre établi et amener le chaos.

C'est ce point-là principalement que nous voulons examiner.

Rendre la propriété des instruments de travail collective, ne serait-ce pas faire subir au mode de les posséder la même transformation qu'ils ont subi eux-mêmes ? Ne serait-ce pas adapter l'organisation économique à la nature des choses ? Quand le cordonnier n'avait pour outils qu'un couteau et une alêne, et qu'il faisait, seul, de ses propres mains, une paire de chaussures, c'eût été aller contre la nature des choses que de vouloir rendre ces instruments de travail individuels et ce produit du travail individuel propriétés collectives ; maintenant que le couteau et l'alêne ont été remplacés par une série de machines qui ne peuvent être utilisées que par une collectivité, et que les chaussures sont un produit du travail collectif, c'est également aller contre la nature des choses que de maintenir la propriété individuelle d'autrefois quant à ces instruments de travail collectif. De même aussi qu'il était rationnel que le cheval et la charrette, moyens de transport utilisés par un seul homme, fussent la propriété individuelle de cet homme, il serait rationnel que le chemin de fer du Pacifique, qui est utilisé par la nation entière et qui a besoin du concours de cent mille personnes pour être mis en opération, fût la propriété de la nation. Aussi, voyons-nous ce système contre nature produire des effets contre nature. N'est-ce pas, en effet, une monstruosité de voir mille personnes, hommes, femmes et enfants, produisant par leur travail combiné assez de richesse pour procurer à chacun d'eux l'abondance, la sécurité et la paix, ne prendre de cette richesse que de quoi subsister misérablement, au jour le jour, et seulement pendant la durée de leur travail, afin d'accumuler entre les mains d'un seul ou de quelques-uns des monceaux de richesses qu'ils sont incapables d'utiliser, et qui ne servent qu'à leur procurer le moyen d'accroître encore cette richesse inutile. Étudions un peu le fonctionnement du système capitaliste et l'on comprendra comment il arrive à produire d'aussi tristes résultats.

Toute la richesse est produite par le travail ; le capitaliste — industriels, commerçants, banquiers — ne produit rien, mais il détient les moyens de production et d'échange, et il est l'intermédiaire entre les producteurs et les consommateurs ; il achète des travailleurs leur travail et il leur vend le produit de leur travail, et c'est ce rôle d'intermédiaire qui lui permet de s'approprier le plus grande part de la richesse produite.

Le travail étant subdivisé à l'infini, la plupart des objets de consommation étant le produit du travail collectif, ou social, un producteur ne peut pas échanger directement avec un autre producteur le produit de son travail, et il s'est établi entre eux une classe d'intermédiaires, la classe capitaliste, qui se fait payer pour opérer cet échange. Et quelle est la conséquence ? C'est qu'un travailleur, pour avoir un objet qui représente une heure de travail social, est obligé de donner cinq ou six heures de son propre travail.

Supposons un menuisier et un forgeron travaillant isolément, comme autrefois. Le menuisier, dans sa journée, fabrique, disons, quatre chaises, et le forgeron deux haches. Si le forgeron a besoin de chaises et le menuisier de haches, ils échangeront quatre chaises pour deux haches, ou dix heures de travail contre dix heures de travail. Mais si ces deux ouvriers, cessant de travailler pour leur compte, s'incorporent dans les grandes industries du bois et de l'acier, leur travail deviendra par là beaucoup plus productif, le menuisier produira vingt chaises dans sa journée et le forgeron dix haches ; mais ils ne seront plus propriétaires de leurs produits et ne pourront plus les échanger entre eux. Ils recevront un salaire de deux dollars par jour et leurs produits seront mis sur le marché. Si le forgeron a besoin de chaises et le menuisier de haches, il leur faudra payer, l'un deux dollars pour quatre chaises et l'autre deux dollars pour deux haches ; c'est-à-dire que chacun d'eux devra donner dix heures de son travail pour obtenir le produit de deux heures de travail de l'autre. Tous les deux donneront donc huit heures de leur temps aux intermédiaires qui ont opéré l'échange de leurs produits.

Ces chiffres, bien entendu, ne sont donnés que comme exemple, et ne prétendent pas à l'exactitude, mais ils ne s'éloignent guère des véritables proportions. Ainsi, le système capitaliste fait perdre aux travailleurs les quatre cinquièmes de ce qu'ils produisent, et c'est là la cause de la vie chère.

Tout le monde est d'accord pour blâmer les intermédiaires, et l'on a raison ; mais on n'entend généralement par intermédiaires qu'une certaine catégorie de négociants en denrées alimentaires, et l'on a tort. Les intermédiaires en l'espèce sont tous ceux qui, ne produisant rien, sont placés entre les producteurs de la richesse, les empêchent d'échanger entre eux le plus directement possible le produit de leur travail, et prélèvent sur ce produit, à un titre quelconque, une part pour laquelle ils ne rendent aucun service utile.

Le profit du marchand à commission d'oeufs ou de beurre ne pèse pas plus lourdement sur le budget domestique que le tribut payé au propriétaire du sol. Ils sont tous les deux également parasites, et il n'y a pas de raison pour tolérer l'un quand on veut se débarrasser de l'autre.

La suppression d'une catégorie de négociants n'aurait qu'un effet partiel et momentané sur le coût de la vie. En les éliminant, et avec eux les profits qu'ils prélèvent, on réduirait bien le prix des denrées dont ils faisaient commerce, mais pour la masse le coût de la vie n'en serait pas réduit, car les autres intermédiaires en profiteraient aussitôt pour augmenter leur prélèvement, sous forme d'augmentation de loyer, de diminution de salaires, etc.

Puisque les intermédiaires sont un mal social, il faudrait, logiquement, les faire disparaître tous. C'est le seul moyen de réduire réellement et permanemment (sic) le coût de la vie.

Le système capitaliste est évidemment injuste, mais il est encore plus absurde, et il est la cause principale et première de tous les troubles économiques et sociaux, ainsi que nous allons le voir.

Ce que nous disions de nos deux ouvriers s'applique à tous les ouvriers. Chaque ouvrier produit chaque jour et met sur le marché une quantité de produits équivalant à, disons, dix dollars ; de ce produit il ne peut acheter et consommer que l'équivalent de son salaire, disons, deux dollars, c'est-à-dire le cinquième ; les quatre autres cinquièmes, les capitalistes doivent en disposer autrement, sinon il leur faudra suspendre ou diminuer la production, et par conséquent la somme de travail à donner aux ouvriers.

La classe capitaliste elle-même et toute la classe des non-producteurs consomment une partie de ce surplus ; mais comme les producteurs sont dix fois plus nombreux que les non-producteurs, ceux-ci, malgré tout leur luxe et leur extravagance, ne peuvent absorber qu'une faible partie de surplus. De là la nécessité pour les nations industrielles de se procurer des marchés étrangers pour écouler leurs produits, et la lutte effrénée qui se poursuit depuis quelque cinquante ans pour accaparer ces marchés.

Les moyens de production se perfectionnent constamment, le travail devient tous les jours plus productif, le surplus à exporter augmente, et par conséquent le besoin de marchés nouveaux. Or, le monde entier est couvert, il ne reste plus sur notre globe le moindre pays inexploité. Bien plus, de grands pays, autrefois exclusivement acheteurs de produits manufacturés, les plus gros clients de l'Europe et de l'Amérique — le Japon, la Chine, les Indes — sont en train de s'industrialiser et de devenir des concurrents des anciennes nations industrielles ; et des concurrents d'autant plus redoutables que le travailleur jaune vit de moins et peut travailler à meilleur marché que le travailleur blanc.

Nous avons donc, d'un côté, une production sans cesse augmentant, de l'autre, les marchés pour absorber le surplus de cette production sans cesse diminuant. Les effets de cette marche en sens contraire de la production et des moyens de l'écouler se font surtout sentir dans les pays les plus industriels, et en Angleterre, aux États-Unis, en Allemagne, le problème des sans-travail et de la lutte entre le capital et le travail est de plus en plus embarrassant.

Pour bien saisir toute la gravité de cette situation il faut se rappeler que c'est depuis quarante et quelques années, c'est-à-dire pendant la période de plus grand développement de l'industrie, que le militarisme comme nous l'avons aujourd'hui s'est établi. Or, le militarisme absorbe des quantités énormes de produits du travail, en même temps qu'il enlève à la production des millions de travailleurs. Malgré cette gigantesque fissure par où se perd une grande proportion de la richesse produite, la production industrielle gagne toujours du terrain sur la consommation, on ne peut maintenir l'équilibre entre les deux et le nombre des sans-travail augmente constamment.

Que se produirait-il si demain un désarmement général était effectué ? Les milliards qui sont dépensés pour les armements et l'entretien des armées ne seraient plus dépensés, et des millions d'hommes perdraient de ce fait le travail qui les fait vivre ; en même temps, on jetterait sur le marché du travail d'autres millions d'hommes qui sont maintenant dans les armées. La quantité de travail diminuerait et le nombre des travailleurs augmenterait.

Sans le militarisme, il semble certain que le capitalisme aurait croulé avant aujourd'hui. Le désarmement, dans notre état actuel de société, n'est pas possible ; c'est une plaie nécessaire par où s'écoule le trop plein de la richesse sociale, sans quoi il y aurait pléthore, étouffement et paralysie.

Sans un gaspillage constant d'une grande partie de la production, certains des rouages essentiels de la machine économique seraient obstrués et tout l'organisme cesserait de fonctionner.

Non seulement la paix armée, mais les guerres elles-mêmes sont des bienfaits au point de vue économique. En détruisant hommes et richesses elles créent dans le marché un vide, et pour combler ce vide, il faut activer la production, donner du travail, et cela amène ce que l'on appelle la prospérité. Depuis la transformation de l'industrie toutes les grandes guerres ont été suivies de périodes de prospérité.

[...]

Notre organisation économique fait naître et engendre une multitude de métiers et de professions où l'on ne produit rien, qui ne rendent aucun service à la société, et n'ont de raison d'être que les intérêts opposés et contraires des individus. Les professions nécessaires elles-mêmes sont presque toutes encombrées, et la moitié de leurs membres vivent d'expédients. Les uns et les autres sont des parasites qui viennent puiser dans le fonds social sans rien y apporter. Ce parasitisme est aussi nécessaire, car si tous ces parasites entraient dans le domaine du travail productif, ils accroîtraient l'encombrement et le désordre.

Ainsi, les travailleurs utiles ne peuvent vivre à moins que la moitié de ce qu'ils produisent ne soit à mesure gaspillée ou détruite, et la destruction, la tuerie en masse, le gaspillage, l'ivrognerie, le parasitisme sont toutes des conditions essentielles à l'existence du système capitaliste. La guérison de ces maux et le maintien du capitalisme sont deux conditions incompatibles. Si l'on pouvait fermer toutes ces plaies, la société capitaliste ne resterait pas debout cinq ans.

C'est donc un système vicieux, fondamentalement mauvais. Et le vice, nous le répétons, c'est qu'une classe peu nombreuse est propriétaire de tous les instruments de production et d'échange et de tous les produits du travail ; qu'elle les exploite uniquement pour en tirer des profits, et à la condition d'en tirer des profits il lui faut trouver des acheteurs qui paieront pour ces produits plus que ce qu'ils lui ont coûté ; que les travailleurs, qui représentent 90% de consommateurs, ne peuvent consommer de ce qu'ils ont produit que ce qu'ils ont reçu sous forme de salaire, c'est-à-dire un quart ou un cinquième, que pour le surplus les capitalistes doivent trouver d'autres débouchés, ou arrêter la production ; et sans la déperdition de forces productives et le gaspillage de produits que nous avons indiqués, il n'y aurait pas de débouchés pour la plus grande partie du surplus, et le rouage économique serait constamment arrêté, ce qui voudrait dire pour les travailleurs la famine et la mort.

XVI
DU CAPITALISME AU COLLECTIVISME

Une chose semble embarrasser un grand nombre de personnes, et l'on entend souvent cette question : Tous les moyens de production et d'échange sont actuellement la propriété de certains individus, qui les ont acquis régulièrement et légalement, conformément aux règles actuellement existantes ; pour organiser la société collective il faudrait les dépouiller ; de quel droit et comment allez-vous le faire ?

À cela nous répondons :

1.   De tous temps, le droit du plus fort a primé tout autre droit. Les conquérants, après avoir écrasé par la force des armes les nations plus faibles, s'emparaient de leur territoire, de leurs biens, et souvent de leurs personnes ; ils se partageaient ce butin, et lorsque cette approbation par le vol à main armée avait été sanctionnée par les lois des spoliateurs eux-mêmes, elle acquérait la force du fait accompli et elle était reconnue comme légitime.

Cette loi du plus fort est l'origine de presque toutes les institutions actuelles. Le Canada est une possession de l'Angleterre parce que les Anglais ont vaincu les Français sur les Plaines d'Abraham ; et les Français eux-mêmes s'étaient approprié le territoire canadien en y chassant les Indiens ; le «landlordism» anglais, cette monstrueuse exploitation, a pris son origine dans le partage du sol de l'Angleterre par Guillaume le Conquérant entre ses barons ; et toutes les guerres, qui ne sont que le meurtre et le brigandage organisés sur une grande échelle, amènent la spoliation du plus faible par les lois, maintenue par les tribunaux et consacrée par les églises.

Or, dans toutes les sociétés, les prolétaires sont le nombre et ils ont la force, et, en vertu même des doctrines admises, ils n'auraient pas besoin d'autre excuse pour s'emparer de la propriété capitaliste.

2.   Mais ils ont aussi la légalité pour eux. Dans notre système politique toutes les lois sont censées être l'expression de la volonté de la majorité et être faites dans l'intérêt de la majorité. Or, la propriété est essentiellement dépendante de la loi ; seule, la propriété du produit de son propre travail est de droit naturel ; toutes les autres propriétés découlent uniquement de la loi, c'est-à-dire de la volonté capricieuse, changeante et arbitraire des législateurs. La loi, subissant l'influence des intérêts contraires et de la corruption capitaliste, est constamment modifiée ; tous les jours une loi nouvelle vient attribuer aux uns ce qu'une loi antérieure attribuait à d'autres. Les détenteurs de la richesse ne peuvent invoquer aucun droit moral, naturel ou divin ; ils n'ont d'autre titre à leur propriété que des textes de lois, c'est-à-dire le consentement présumé de la majorité, exprimé par des codes ou des statuts, et ils n'ont d'autres moyens de faire respecter leur titre que la force collective de la société, déléguée aux tribunaux et supportée par la force armée.

Si un jour la majorité, comprenant que les lois actuelles sont en contradiction avec le principe d'où elles découlent et bénéficient exclusivement à la petite minorité des possédants, retirait son consentement et sa protection à la propriété capitaliste, que resterait-il aux capitalistes ? Et si cette majorité, assumant réellement et efficacement l'exercice du pouvoir législatif qui lui appartient légitimement, et faisant table rase du droit romain et de toutes les autres reliques d'un autre âge, posait à la base du droit ce principe fondamental : La société ne reconnaît comme propriété individuelle que ce qui vient de l'individu, rien de ce qui est nécessaire à la société ne peut être propriété individuelle ; est-ce que cette majorité ne serait pas absolument dans son droit, et est-ce que cette loi ne serait pas la plus juste et la plus conforme au droit naturel qui ait jamais été promulguée ? Et ce principe étant admis, le problème de la socialisation serait résolu.

3.   La loi déclare nul tout contrat qui n'a pas été librement consenti par les deux parties ; mais ce principe n'est appliqué qu'au bénéfice de la propriété, et non au travail. Si vous êtes propriétaire et que l'on profite de votre faiblesse pour vous arracher un marché désavantageux, la loi intervient et vous fait restituer votre bien, mais si vous êtes un travailleur et que l'on profite de ce que vous avez faim pour vous arracher quinze heures de travail pour cinquante sous, la loi ne s'en préoccupe pas. Il n'y aurait qu'à appliquer ce principe au travail comme il l'est à la propriété,

et tous les contrats de salaire seraient annulés, et toute la richesse capitaliste serait restituée à ses légitimes propriétaires, c'est-a-dire ceux qui l'ont produite.

4.   Si la nation est menacée par une nation étrangère, on force le travailleur à donner tout ce qu'il possède —-sa vie – pour défendre le territoire, dont il ne possède pas un pouce, et la patrie, qui est pour lui une marâtre ; pourquoi hésiterait-on pour défendre la nation contre la famine, à exiger du capitaliste une partie de ce qu'il possède – sa propriété ?

5.   La propriété n'est désirable que pour le bonheur qu'elle procure, et la richesse capitaliste ne donne que des jouissances factices, grossières et méprisables ; ces jouissances, tirées de la douleur des autres, ne laissent pas le cœur en paix et l'âme sereine. La richesse excessive est aussi funeste que l'extrême pauvreté, et il est aussi difficile aux très riches de ne pas aller se perdre dans le bourbier de la fainéantise et de la débauche qu'aux très pauvres de sortir de leur abjection et de leur ignorance. Dépouiller un homme de sa propriété capitaliste pour le faire entrer dans une société collectiviste serait un bienfait pour lui.

Ainsi donc, le jour où la majorité voudra transformer la société capitaliste en une société collectiviste, elle ne manquera pas de raisons pour justifier toutes les mesures nécessaires à cette fin.

Il n'y aura pas lieu non plus de s'apitoyer sur le sort des spoliés. La spoliation dont ils seront les victimes sera cent fois plus douce que celle dont ils sont les auteurs. Le capitalisme dépouille la masse des travailleurs du fruit de leur labeur et les réduit à la misère, le socialisme dépouillera les capitalistes de richesses qu'ils ont arrachées aux travailleurs et qui leur sont inutiles et nuisibles, et les mettra à même de participer aux avantages d'une société infiniment supérieure.

CONCLUSION

L'impuissance du capitalisme apparaît tous les jours avec plus d'évidence. Pour le maintenir debout on a essayé tous les systèmes d'administration, de banques, d'assurances, d'arbitrage, toutes les formes d'associations, ouvrières, patronales, de secours, de protection, tous les tarifs douaniers ; l'Angleterre a eu le libre échange absolu, les États-Unis, la protection à outrance, avec des résultats identiques : richesse excessive, pauvreté et misère ; Léon XIII, il y a plus de vingt ans, dans Rerum Novarum, a offert son remède au monde : la pratique des vertus chrétiennes, la charité et la prière ; les volumes de lois, de statuts et de règlements se succèdent sans fin, réprimant, prohibant, punissant, favorisant tantôt une classe, un groupe, une région, tantôt un autre : on étaie ici, on replâtre là, on bouche des trous et on ouvre des issues ; on abandonne une idée et on la reprend ; on change de gouvernements, d'hommes, de politique ; mais, en dépit de tous ces laborieux efforts, le conflit s'accentue, les haines s'amoncellent, la guerre entre le capital et le travail est permanente, l'exploitation de l'homme par l'homme est plus intense et plus féroce ; la cruauté, la barbarie et la stupidité de notre système économique éclatent avec plus de force ; l'édifice capitaliste craque de toutes parts et chancelle, il tombe par morceaux, et il s'écroulera bientôt avec fracas, si l'on ne sait prévenir ce désastre.

N'est-il pas assez clair aujourd'hui que cet édifice est bâti sur une mauvaise base, et que tous les replâtrages et les badigeonnages qu'on lui fait subir ne peuvent arrêter le travail de destruction qui se fait au fond ?

Le principe fondamental de notre système est le profit et l'exploitation ; c'est un principe d'égoïsme, de haine et de mort. Il faut lui substituer le principe de la coopération et de l'entr'aide, principe fécond et bienfaisant, qui est la cause et la source de tout ce qui arrive de bien et de bon dans le monde.

Le capitalisme a assumé la tâche de pourvoir aux besoins de l'humanité ; il détient tous les moyens de production et de distribution ; la société est à sa merci pour sa subsistance et sa Vie, si le capitalisme faillit à sa tâche, l'humanité doit-elle périr ? Non. C'est le capitalisme qui disparaîtra, comme toutes les organisations sociales du passé ont disparu quand elles avaient cessé de correspondre aux circonstances où se trouvait placée l'humanité.

On dit que la propriété capitaliste est la seule possible, et que la propriété collective est un rêve et une utopie. Cette théorie est soutenue par tous ceux qui vivent de rentes, de loyers, de profit et d'exploitation, et par les mercenaires des capitalistes, qui vendent leur plume et leur parole, et pour maintenir le peuple plus longtemps sous le joug, cherchent à détourner son attention de l'exploitation dont il est la victime en le tenant préoccupé de mille billevesées, ou en lui prêchant la résignation passive à la souffrance infligée et à l'exploitation, et en cherchant à lui faire croire que sa pauvreté est une chose nécessaire et voulue par Dieu. Mais tout homme sans préjugé et loyal ne peut réfléchir sur le problème économique sans condamner le capitalisme et reconnaître que le socialisme est, au degré d'évolution où nous sommes arrivés, le seul système économique possible. C'est pourquoi, malgré la couche épaisse de préjugés, de fausse représentations et de mensonges sous laquelle on cherche à étouffer l'idée, elle avance irrésistiblement, et c'est là le seul point lumineux au sombre horizon de nos destinées.

Valjean II, Jean, *Cherté de la vie et problèmes économiques et sociaux,* Montréal, 9 novembre 1913, 43 pages, Chap. IV, p. 6-12 ; chap. XVI, p. 38-43.

ANNEXES

1. STRUCTURES D'ORGANISATION DES PARTIS OUVRIERS

a) Le Parti ouvrier de 1899 à 1901

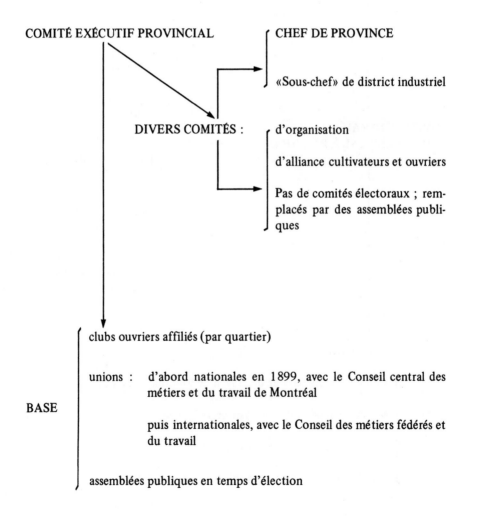

COMITÉ EXÉCUTIF PROVINCIAL

CHEF DE PROVINCE

«Sous-chef» de district industriel

DIVERS COMITÉS :

d'organisation

d'alliance cultivateurs et ouvriers

Pas de comités électoraux ; remplacés par des assemblées publiques

BASE

clubs ouvriers affiliés (par quartier)

unions : d'abord nationales en 1899, avec le Conseil central des métiers et du travail de Montréal

puis internationales, avec le Conseil des métiers fédérés et du travail

assemblées publiques en temps d'élection

b) Les partis ouvriers de 1904 à 1917

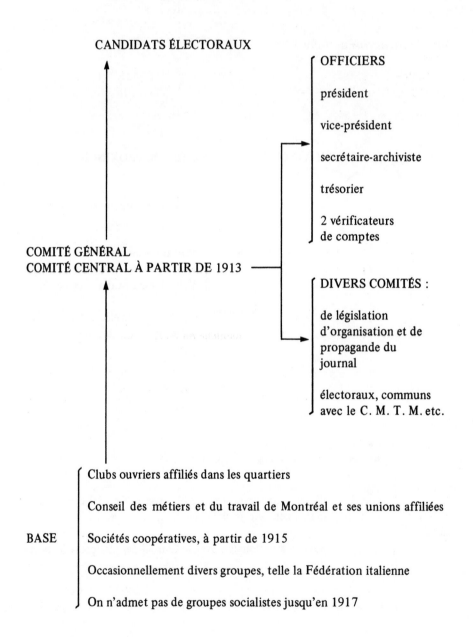

CANDIDATS ÉLECTORAUX

OFFICIERS

président

vice-président

secrétaire-archiviste

trésorier

2 vérificateurs
de comptes

COMITÉ GÉNÉRAL
COMITÉ CENTRAL À PARTIR DE 1913

DIVERS COMITÉS :

de législation
d'organisation et de
propagande du
journal

électoraux, communs
avec le C. M. T. M. etc.

BASE

Clubs ouvriers affiliés dans les quartiers

Conseil des métiers et du travail de Montréal et ses unions affiliées

Sociétés coopératives, à partir de 1915

Occasionnellement divers groupes, telle la Fédération italienne

On n'admet pas de groupes socialistes jusqu'en 1917

c) *Le Parti ouvrier du Canada 1917*

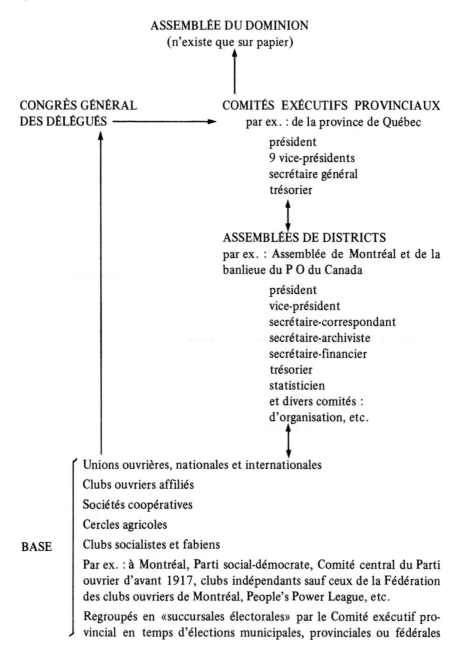

ASSEMBLÉE DU DOMINION
(n'existe que sur papier)

CONGRÈS GÉNÉRAL
DES DÉLÉGUÉS ⟶

COMITÉS EXÉCUTIFS PROVINCIAUX
par ex. : de la province de Québec

président
9 vice-présidents
secrétaire général
trésorier

ASSEMBLÉES DE DISTRICTS
par ex. : Assemblée de Montréal et de la
banlieue du P O du Canada

président
vice-président
secrétaire-correspondant
secrétaire-archiviste
secrétaire-financier
trésorier
statisticien
et divers comités :
d'organisation, etc.

BASE

Unions ouvrières, nationales et internationales

Clubs ouvriers affiliés

Sociétés coopératives

Cercles agricoles

Clubs socialistes et fabiens

Par ex. : à Montréal, Parti social-démocrate, Comité central du Parti ouvrier d'avant 1917, clubs indépendants sauf ceux de la Fédération des clubs ouvriers de Montréal, People's Power League, etc.

Regroupés en «succursales électorales» par le Comité exécutif provincial en temps d'élections municipales, provinciales ou fédérales

2. STRUCTURE DU CONGRÈS DES MÉTIERS ET DU TRAVAIL DU CANADA

CANADIAN TRADES AND LABOR CONGRESS

CONGRÈS DES MÉTIERS ET DU TRAVAIL DU CANADA

COMITÉ EXÉCUTIF

COMITÉS PROVINCIAUX

CONSEILS DES MÉTIERS ET DU TRAVAIL (par région)

président
vice-président
secrétaire-correspondant
    de langue française
    de langue anglaise
secrétaire des finances
trésorier
vérificateurs de comptes
guide
sergent d'armes
contrôleurs
et diverses commissions :
    exécutive
    de vérification des pouvoirs
    d'organisation
    législative
    du label
    de la Fête du travail
    de l'Immigration, etc.

UNIONS LOCALES DES UNIONS INTERNATIONALES

sauf celles qui sont affiliées directement à leur union de
métiers respective aux États-Unis

Élection des délégués au Conseil

3. STRUCTURE DE LA FÉDÉRATION CANADIENNE DU TRAVAIL 1902-1927

EXÉCUTIF

Comités :
des voies et moyens
des rapports des officiers
des résolutions
de la vérification des comptes
des correspondances

CONSEILS CENTRAUX NATIONAUX DES MÉTIERS ET DU TRAVAIL DE
(ex : Montréal)

président
vice-président
secrétaire-correspondant
sergent d'armes
vérificateur des comptes

Comités :
des créances
de législation
de législation municipale
d'étiquette
d'organisation
d'éducation
des statistiques
des griefs
de construction

SYNDICATS NATIONAUX LOCAUX

4. LES CONSEILS CENTRAUX À MONTRÉAL DE 1886 À 1919

CONSEIL CENTRAL DES MÉTIERS ET
DU TRAVAIL DE MONTRÉAL
(C. C. M. T. M.)
fondé en 1886

scission en 1897

Conseil central des métiers et du travail de Montréal.

Regroupe les Unions nationales, les Chevaliers du travail et quelques syndicats internationaux.

1902-1903

Devient le Conseil central national des métiers et du travail de Montréal, C. C. N. M. T. M., affilié d'abord au Congrès national des métiers et du travail puis à la Fédération canadienne du travail.

Regroupe les Unions nationales.

1916

Faillite du Conseil central national des métiers et du travail de Montréal, faute d'unions affiliées.

Réorganisé la même année par la Fédération canadienne du travail sous le même nom.

Conseil des métiers fédérés et du travail de Montréal.

Regroupe les unions internationales affiliées à l'American Federation of Labor (A. F. L.).

Rejoint le Congrès des métiers et du travail du Canada en 1902.

1903

Changement de nom de l'organisation, devient : le Conseil des métiers et du travail de Montréal, C. M. T. M.

Conservera ce nom pour toute la période.

scission en 1919

Conseil central national des métiers et du travail de Montréal.

Non confessionnel.

Syndicats catholiques.

5. SITUATION DU MOUVEMENT OUVRIER INTERNATIONAL EN 1903

Congrès des métiers et du travail du Canada – Fédération américaine du travail (C.M.T.C. – F.A.T.)

Progrès de la F. A. T. :

Nombre de chartes émises :		Nombre de membres :	
1897	217	1897	265 000
1898	203	1898	279 000
1899	450	1899	350 000
1900	849	1900	550 000
1901	916	1901	789 000
1902	1024	1902	1 025 500
		1903	1 457 593

Répartis en 103 organisations nationales et internationales, 10 000 unions fédérales.

En janvier et février 1903, 242 unions locales se sont ajoutées aux effectifs de la F.A.T. au Canada et aux États-Unis.

Au Canada, le C. M. T. C. semble connaître le même succès :

En 1903, le C. M. T. C. regroupe environ 1 550 unions locales qui y ont adhéré volontairement. Réparties ainsi :

Ontario	853
Colombie britannique	216
Québec	202
Nouvelle-Écosse	93
Nouveau-Brunswick	56
Île-du-Prince-Édouard	14
Yukon	13
Manitoba et Territoires du Nord-Ouest	101

Le nombre de syndicats locaux dans les villes canadiennes en 1903 se répartit ainsi :

Toronto	134
Montréal	102
Vancouver	61
Hamilton	49
Winnipeg	48
London	47

Recettes du C. M. T. C. en 1902-1903 :

$2 266 venant des cotisations et des chartes, environ $779 de plus que l'exercice 1901-1902 malgré la perte des revenus des exclus du Congrès de Berlin.

> \+ $500 de la F. A. T.
> \+ $455 des unions internationales
> \+ $100 d'annonces

Total : $3 321

Membership du C. M. T. C. en 1903 :

Environ 250 000 membres.
Perte de 10 unions locales (1 693 membres) qui se solde par une perte de $32.82 au budget, en plus des 13 unions exclues à Berlin (2 287 membres), amplement compensée par l'augmentation des effectifs.

À Montréal   19 500 membres
À Toronto   16 000 membres

Relations budgétaires avec la F. A. T. :

La F. A. T. a envoyé $316 000 au Canada et le C. M. T. C. $86 757 à l'organisation syndicale américaine.

Selon la *Gazette du travail*, en mai 1903, 30 nouvelles organisations du travail ont vu le jour au Canada, et une seule n'était pas internationale.

6. ÉVOLUTION DES UNITÉS LOCALES ET DES EFFECTIFS SYNDICAUX AU CANADA 1911-1922

Année	Unités	Total (effectifs)	Pourcentage du changement sur l'année précédente
1911	1 741	133 132	—
1912	1 883	160 120	+ 20.3%
1913	2 017	175 799	+ 9.8
1914	2 003	166 163	- 5.5
1915	1 883	143 343	- 13.7
1916	1 842	160 407	+ 11.9
1917	1 974	204 630	+ 27.6
1918	2 274	248 887	+ 21.6
1919	2 847	378 047	+ 51.9
1920	2 918	373 842	- 1.1
1921	2 668	313 320	- 16.2
1922	2 512	276 621	- 11.7

Source : Louis-Laurent Hardy, *Brève histoire du syndicalisme ouvrier au Canada,* Montréal, Éditions de l'Hexagone, «Les Voix», 1958, p. 141.

7. LA LÉGISLATION OUVRIÈRE AU CANADA, 1900 - 1919

Juridiction fédérale

Le Parlement au Canada peut légiférer, en vertu de l'Acte de l'Amérique du Nord britannique, concernant le commerce, la navigation, le droit pénal, les pêcheries, la naturalisation et les étrangers, l'assurance-chômage, les transports et communications interprovinciaux ou internationaux et les travaux et entreprises d'ordre local que le Parlement du Canada aura reconnus d'intérêt général pour le pays ou deux provinces ou plus. Le Parlement peut aussi voter des lois pour le maintien de la paix, de l'ordre et d'une bonne administration au Canada touchant toutes matières qui ne tombent pas directement dans les catégories de sujets qui sont de la compétence exclusive des provinces.

Juridiction provinciale

Les législatures provinciales ont compétence exclusive, en vertu de l'Acte de l'Amérique du Nord britannique, en matière «de propriété et de droits civils dans la province», d'institutions municipales et, sous certaines réserves, «de travaux et d'entreprises locales». La législation de protection de la main-d'oeuvre fait loi en matière de droits civils vu qu'elle impose des conditions au droit contractuel libre de l'employeur et du travailleur. Par conséquent, les provinces ont compétence touchant la réglementation et l'inspection des fabriques, mines, ateliers et autres locaux de travail, les salaires et heures, le travail des enfants, l'indemnisation des accidentés du travail, la délivrance de carnets de compétence professionnelle et les relations ouvrières dans les entreprises échappant à la juridiction fédérale. L'éducation, y compris la formation professionnelle, relève aussi des provinces.

LOIS DU PARLEMENT DU CANADA

1900 Loi de la conciliation : institution d'un département fédéral du Travail. Conciliation à la demande de parties à différend.

Résolution sur les justes salaires : inauguration de politique de «justes salaires» relative aux contrats du gouvernement.

LOIS PROVINCIALES

1900 Manitoba Factories Act : Loi des établissements industriels (précédée par la loi de l'Ontario en 1884 et la loi de Québec en 1885 et suivie par celles de Nouvelle-Écosse en 1901, du Nouveau-Brunswick en 1905, de la Colombie-Britannique en 1908, de la Saskatchewan en 1909 et de l'Alberta en 1917).

LOIS DU PARLEMENT DU CANADA

LOIS PROVINCIALES

1901 *Loi de Québec sur les différends ouvriers :* Conciliation et arbitrage facultatifs.

1903 *Loi relative aux difficultés ouvrières dans les chemins de fer :* conciliation de différends impliquant des travailleurs ferroviaires.

1904 *British Columbia Coal Mines Regulation Act :* Loi réglementant les mines de charbon modifiée en sorte d'établir la journée de huit heures pour le travail du fond (suivie par l'Alberta en 1908, la Nouvelle-Écosse en 1924, la Saskatchewan en 1932 et le Nouveau-Brunswick en 1933).

1906 *Loi du dimanche :* interdiction de travailler le dimanche, sauf dans le cas «de travaux d'urgence ou d'humanité».
Loi de la conciliation et du travail : unification de la loi de la conciliation et de la loi relative aux difficultés ouvrières dans les chemins de fer.

1906 *Alberta Steam Boilers Act :* Loi sur les chaudières à vapeur (précédée par le Manitoba en 1894 et la Colombie-Britannique en 1899 et suivie par la Saskatchewan en 1906, l'Ontario en 1910, la Nouvelle-Écosse en 1914, le Québec en 1933, le Nouveau-Brunswick en 1937 — en vigueur en 1943, l'Île-du-Prince-Édouard en 1948 et Terre-Neuve en 1949. Antérieurement à la promulgation de lois distinctes, l'inspection des chaudières se faisait en vertu des lois sur les fabriques dans plusieurs provinces : Québec depuis 1893, Ontario depuis 1900 et Nouveau-Brunswick depuis 1920).

LOIS DU PARLEMENT DU CANADA

LOIS PROVINCIALES

1907 Loi des enquêtes en matière de différends industriels : Enquête obligatoire en cas de conflit comme mesure précédant déclaration légale de grève ou lock out. Application aux mines, transports, communications et utilités publiques.

1909 Loi instituant le ministère du Travail : création d'un portefeuille séparé du Travail.

1914 Loi des mesures de guerre : pouvoir au gouvernement fédéral de prendre les mesures nécessaires pour la défense nationale et le bien-être des citoyens.

1914 Ontario Workmen's Compensation Act : Loi d'indemnisation des accidentés du travail — régime de la responsabilité collective (suivie par la Nouvelle-Écosse en 1915, la Colombie-Britannique en 1916, l'Alberta et le Nouveau-Brunswick en 1918, le Manitoba en 1920, la Saskatchewan en 1929, le Québec en 1931, l'Île du Prince-Édouard en 1949 et Terre-Neuve en 1950).

1916 Manitoba Fair Wage Act : Loi sur les justes salaires. Entreprises de travaux publics. Cadre étendu en 1934 à certains travaux privés de construction. Adjonction en 1938 de Partie II prévoyant fixation de salaires et heures dans certaines industries par procédure analogue à celle établie en vertu des lois des normes industrielles.

LOIS DU PARLEMENT DU CANADA

LOIS PROVINCIALES

1917 British Columbia Department of Labour Act : Loi instituant un ministère du Travail (suivie par l'Ontario en 1919, le Québec en 1931, le Manitoba en 1931 — en vigueur en 1934, la Nouvelle-Écosse en 1932, Terre-Neuve en 1933, le Nouveau-Brunswick et la Saskatchewan en 1944 et l'Alberta — ministère de l'Industrie et du Travail en 1948. Des Bureaux du Travail existaient antérieurement dans la plupart des provinces.

1918 Loi d'indemnisation des employés de l'État : indemnisation des employés de l'État fédéral au taux fixé par la loi de la province scène de l'accident. Remplacés en 1947.

1918 Manitoba Minimum Wage Act (Women) : Loi du salaire minimum de la main-d'œuvre féminine (suivie par la Colombie-Britannique en 1918, le Québec et la Saskatchewan en 1919, la Nouvelle-Écosse en 1920 — en vigueur en 1930, l'Ontario en 1920, l'Alberta en 1922, le Nouveau-Brunswick en 1935 — remplacée en 1945, Terre-Neuve en 1947 — remplacée en 1950. Extension à la main-d'œuvre masculine : Colombie-Britannique 1925, Manitoba et Saskatchewan 1934, Alberta 1936, Ontario et Québec 1937, Nouveau-Brunswick 1945, Terre-Neuve 1947 — remplacée en 1950).

Loi de coordination des bureaux de placement : allocations conditionnelles aux bureaux de placements administrés par les provinces.

1919 Loi d'enseignement technique : dix millions de dollars pour encourager l'enseignement technique dans les provinces.

Source : «Cinquante ans de législation ouvrière au Canada», *la Gazette du travail*, vol. 50, n⁰ 9.

8. ÉVOLUTION DES CENTRALES SYNDICALES AU CANADA ET AU QUÉBEC (1863-1970)

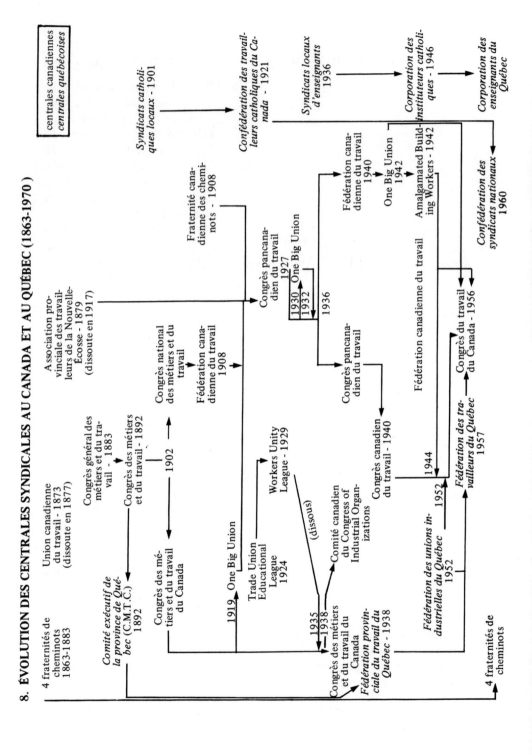

centrales canadiennes
centrales québécoises

BIBLIOGRAPHIE

LISTE DES SIGLES EMPLOYÉS DANS LA BIBLIOGRAPHIE

BIBLIOTHÈQUES

OOA	Archives publiques du Canada
OOL	Ministère du Travail du Canada
QMBM	Bibliothèque de la ville de Montréal
QMBN	Bibliothèque nationale du Québec
QMCSN	Confédération des syndicats nationaux
QMG	Sir George Williams University
QMHE	École des Hautes Études commerciales
QMMc	McGill University
QMAC	MacDonald College
QMML	Bibliothèque de droit
QMMSC	Faculty of Management, McGill University
QMU	Université de Montréal
QMUQ	Université du Québec à Montréal
MOP	Archives sur les mouvements ouvriers politiques au Québec du Groupe de chercheurs de l'Uqam sur l'histoire des travailleurs québécois
QQCA	Centre antonien
QQL	Législature du Québec
QCHS	Société historique du Saguenay, Chicoutimi

PÉRIODIQUES

CHR	*Canadian Historical Review*
REC/JCS	*Revue d'études canadiennes / Journal of Canadian Studies*
RI	*Relations industrielles*

Cette bibliographie se veut axée prioritairement sur le mouvement ouvrier québécois et secondairement sur les mouvements ouvriers canadiens et internationaux, à l'intérieur desquels nous avons priviliégié l'aspect politique. Destinée à être un outil aisément utilisable elle n'inclut que des sources accessibles et comporte dans la majeure partie des cas des indications concernant leur localisation. De plus, les ouvrages, documents et journaux sont accompagnés d'un commentaire essentiellement descriptif auquel sont jointes des précisions sur la période et la région géographique.

Les titres recensés ont été placés sous quatre rubriques. La première est une bibliographie des bibliographies. La deuxième comprend des ouvrages et des études à caractère historique. Sous la troisième rubrique, on trouvera la totalité des documents qu'il nous a été possible de répertorier, compte tenu de certaines limites d'accessibilité. Ces documents sont dans la plupart des cas le fait d'organisations ou de militants directement impliqués. En dernier lieu, nous avons dressé une liste aussi exhaustive que possible des journaux politiques et syndicaux encore accessibles de nos jours. Afin d'en faciliter l'utilisation, nous avons procédé dans certains cas à des regroupements visant à témoigner de l'évolution de ces organes en faisant état des dates de leur apparition et disparition et des transformations qu'ils ont subies au cours de leur existence.

* * *

À signaler : les sources pour une reconstitution de l'histoire des travailleurs sont très souvent difficiles d'accès. Pour la période étudiée, beaucoup de documents restent introuvables. Et la majeure partie de la correspondance privée des militants n'existe sans doute plus. Ce sont tout d'abord les documents officiels : résolutions, mémoires, procès-verbaux des diverses organisations, qu'on retrouve dans quelques-unes des grandes bibliothèques, quoiqu'une bonne partie soit encore à repérer.

Pour ce qui est des bibliographies, citons en premier l'ouvrage par lequel débuta la «Collection» actuelle : André E. LeBlanc et James D. Thwaites, *le Monde ouvrier au Québec, bibliographie rétrospective,* Montréal, PUQ, 1973. Pour le Canada anglais, il faut consulter *Primary Sources in Canadian Working Class History 1860-1930,* par R. G. Hann, G. S. Kealey, L. Kealey et P. Warrian, Kitchener, Dumont Press, 1973. On trouvera des indications fort utiles dans *les Journaux du Québec de 1764 à 1964,* par André Beaulieu et Jean Hamelin, Québec, PUL, 1965 et 1966.

Pour l'analyse du mouvement ouvrier du Canada et plus particulièrement au Québec, un fait demeure capital : le manque de monographies. Ce n'est que récemment que se multiplient les thèses et les ouvrages spécialisés sur le mouvement syndical et l'aspect politique des luttes ouvrières. Quoique souvent fragmentaires, et parfois contradictoires, les quelques travaux des pionniers dans ce domaine demeurent précieux et méritent d'être examinés à nouveau.

Dans la majeure partie des thèses et des ouvrages généraux, on nous indique souvent en référence des documents se rapportant à telle ou telle organisation, mais rarement l'auteur nous indique-t-il l'endroit où il a pu se procurer le document. Le travail consistait donc souvent à localiser ces sources.

Nous avons groupé les sources documentaires suivant deux catégories : les documents des organisations et les publications gouvernementales.

Les documents des organisations. Il importe de se rappeler qu'une organisation ne dévoile que l'aspect de son existence et de sa pensée qu'elle veut bien nous laisser connaître. Néanmoins, les documents officiels des organisations (procès-verbaux, minutes, mémoires, résolutions et brochures) sont d'une très grande importance. Ils définissent les orientations de l'organisation, les étapes de sa vie et ses principales oppositions tant à l'intérieur qu'à l'extérieur. Ces documents fournissent souvent des données indispensables sur le nombre de membres, la composition des différents comités et de la direction.

De ce que possèdent actuellement les grandes bibliothèques, les documents officiels (comme les procès-verbaux des organisations, les mémoires, les résolutions, etc.), sont à peu près les seuls accessibles, bien qu'une grande partie reste encore à trouver. On peut par ailleurs avoir accès à certains documents du Congrès des métiers et du travail du Canada se trouvant aux Archives publiques du Canada, ainsi qu'à la Bibliothèque du ministère du Travail à Ottawa.

Les brochures présentent aussi un intérêt tout spécial. Elles possèdent l'avantage de permettre parfois aux dissidents d'une organisation de pouvoir s'exprimer, chose qu'ils peuvent difficilement faire dans le ou les journaux officiels de l'organisation.

L'intérêt de la lecture de la correspondance privée réside dans le fait que les auteurs y livrent leur perception personnelle des situations et des événements. Ils y expriment leurs hésitations, leurs espoirs et leurs opinions avec souvent beaucoup de couleur. D'autre part, il ne faudrait pas surestimer les brouilles passagères, bien que souvent la correspondance nous éclaire sur les dessous de certaines affaires.

Les publications gouvernementales. Préparées par des personnes qui n'ont souvent qu'une connaissance partielle du mouvement ouvrier et de tous ses aspects, elles ne constituent qu'un apport statistique ou qu'un résumé des positions officielles des organisations. Lorsque les autres sources manquent, les publications gouvernementales prennent plus d'importance. Il importe toujours d'examiner la méthode utilisée pour la production de statistiques.

Les journaux des organisations permettent de suivre leur évolution. Dans les journaux sont consignés les principales activités des groupes ainsi que des éclaircissements et des approfondissements sur les principes généraux des programmes et des idéologies. Mais l'utilisation des journaux reste délicate. Elle nécessite la connaissance de leur évolution politique. Il est nécessaire de situer un journal dans une large revue de presse.

L'inaccessibilité des journaux pose encore plus de problèmes. Il n'existe actuellement que trois répertoires de journaux ouvriers[1] qui indiquent la localisation. Souvent à la lecture d'un quotidien on apprend la parution d'un journal ouvrier. S'il n'est pas répertorié, il faut reprendre la vérification systématique des catalogues des bibliothèques. Mais comme souvent ces journaux n'ont eu qu'une existence éphémère, ou que leur parution ne fut pas régulière, les trouver devient très difficile. Dans bien des cas, les séries complètes de ces journaux n'existent pas. Et comme de nombreux journaux ouvriers ont porté le même nom, il ne faut pas s'étonner de retrouver souvent indexés ensemble des journaux d'origines et de périodes différentes. Il y a aussi le phénomène inverse : un journal change de nom, parfois en période de répression. La presse des groupes ethniques minoritaires est riche en données inédites et parfois fort significatives : elle pose un défi de taille qu'il faudra relever.

Quelques-uns des grands quotidiens, tels *la Presse* et *la Patrie,* ont eu des chroniqueurs issus du milieu syndical qui couvraient au jour le jour l'ensemble des activités du monde ouvrier. Comme c'est parfois la seule source disponible, il nous a été difficile de confronter les renseignements obtenus et de les évaluer. Il ne faut pas négliger la rubrique «l'Opinion du lecteur» qui quelquefois apporte de précieux renseignements. Pour notre recherche nous avons eu largement recours à la lecture de quelques quotidiens francophones de Montréal. Il resterait à faire la lecture de quotidiens anglophones et de journaux de province.

---

1.   R. L. Elliot, «The Canadian Labour Press from 1867 : a Chronological Annotated directory», *CJEPS,* vol. 14, no 2, mai 1948, p. 220-245. Ministère du Travail du Canada, Canadian Labour Papers on Microfilm in Canadian Department of Labour Library, 1971, 15 pages. L'ouvrage de Beaulieu et Hamelin, déjà signalé.

1. BIBLIOGRAPHIE DE BIBLIOGRAPHIES

BEAULIEU, André et Jean Hamelin, *les Journaux du Québec de 1764 à 1964*, Québec, Les Presses de l'Université Laval, 1965, 329 p.

CANADA, Ministère du Travail, *Canadian Labour Papers on Microfilm in Canada Department of Labour Library*, 8 juin 1971, Library Bulletin, 15 p.

CHERWINSKI, W. J. C., «Bibliographical Note : The Left in Canadian History, 1911-1969», *Revue d'études canadiennes/Journal of Canadian Studies*, vol. 4, n° 4, novembre 1969, p. 51-60.

ELLIOTT, Robbins L., «The Canadian Labour Press from 1867 : a Chronological Annotated Directory», *Canadian Journal of Economics and Political Science*, vol. 14, n° 2, mai 1948, p. 220-245.

GULICK, Charles, Roy A. OCKERT et Raymond J. WALLACE, *History and Theories of Working Class Movements : a Selected Bibliography*, Berkeley, University of California, Bureau of Business and Economic Research and the Institute of Industrial Relations, 1955, 364 p.

OOL, QMG.

HANN, R. G., Gregory S. KEALEY, Linda KEALEY et P. WARRIAN, *Primary Sources in Canadian Working Class History, 1860-1930*, Kitchener, Ont., Dumont Press, 1973.

ISBESTER, A. F., D. COATES et R. C. WILLIAMS, *Industrial and Labour Relations in Canada ; a Selected Bibliography*, Kingston, Queen's University, Industrial Relations Centre, «Bibliographical Series», n° 2, 1965, xı et 120 p.

LEBLANC, A. E. et J. D. THWAITES, *le Monde ouvrier au Québec. Bibliographie rétrospective*, Montréal, Les Presses de l'Université du Québec, «Histoire des travailleurs québécois», n° 1, 1973, xvı et 288 p.

NEUFELD, M. F., *A Representative Bibliography of American Labor History*, Ithaca, New York, Cornell University, New York State School of Industrial and Labor Relations, 1964, 146 p.

OOL, QMMc, QMG.

REYNOLDS, Lloyd G. et Charles C. FILLINGSWORTH, *Trade Union Publications : The Official Journals, Convention Proceedings and Constitutions of International Unions and Federations, 1850-1941*, Baltimore, The Johns Hopkins Press, 1944-1945, 3 vol.

ZIMAND, Savel, *Modern Social Movements. Descriptive Summaries and Bibliographies*, New York, The H. W. Wilson Company, 1921, 260 p.

OOL.

2. OUVRAGES GÉNÉRAUX ET ÉTUDES PARTICULIÈRES

Nous présentons dans cette section des études, des thèses ou des volumes qui traitent du mouvement ouvrier pendant la période étudiée. Ils se rapportent aussi bien au Canada qu'au Québec, la préférence étant accordée au mouvement ouvrier québécois.

ABELLA, Irving Martin, *Nationalism, Communism and Canadian Labour*, Toronto, University of Toronto Press, 1973, 256 p.

ALEXANDER, R. J., «Beginnings of Canadian Labour», *Canadian Forum*, vol. 29, n° 343, p. 104-107.

QMG, QMBN, QMUQ.
1827-1920.
Canada et Québec.

Chronique des fondations de syndicats et de centrales syndicales. Quelques données statistiques.

ATKINSON, W. D., *Organized Labour and the Laurier Administration*, thèse de M. A. (histoire), Ottawa, Carleton University, 1957, 196 p.

AVAKUMOVIC, I., *The Communist Party in Canada : a History*, Toronto, McClelland & Stewart, 1975, 309 p.

BABCOCK, R. H., *Trade Unions and Politics : the Impact of the American Trade Union Movement on Canadian Labor, 1870-1930*, thèse de M. A., Durham, N. C., Duke University, 1966.

– *The American Federation of Labour in Canada, 1896-1908 : a Study in American Labor Imperialism*, thèse de Ph. D., Durham, N. C., Duke University, 1966, 476 p.

– *Gompers in Canada : a Study in American Continentalism before the First World War*, Toronto, University of Toronto Press, 1974, x et 292 p.

BALAWYDER, A., *The Winnipeg General Strike*, Vancouver, Toronto, Montréal, Copp Clark, «Problems in Canadian History», 1967, 45 p.

QMMc, QMG, QMHE.
1919.
Winnipeg.
Présentation des positions du travail organisé, de celles des principaux journaux canadiens et des principales interprétations de la grève générale de Winnipeg.

BERCUSON, D. J., «The Winnipeg General Strike, Collective Bargaining, and the OBU Issue», *CHR*, juin 1970, p. 164-176.

– *Labour in Winnipeg : the Great War and the General Strike*, Toronto, University of Toronto, thèse de Ph. D. non publiée, 1971.

– *Confrontation at Winnipeg. Labour, Industrial Relations and the General Strike*, Montréal et Kingston, McGill-Queen's University Press, 1974, x et 227 p.

BRADY, A., (édit.), *Canada*, Toronto, Macmillan, 1932.

1883-1925.
Canada et Québec.
Historique très rapide du mouvement syndical et de ses problèmes à partir de 1883.
Chap. 5 : «Organized Labour and its Aims», p. 257-271.

BROWN, Lorne et Caroline, *An Unauthorized History of the RCMP*, Toronto, James Lewis & Samuel, 1973, 175 p.

1904-1919.
Canada, surtout l'Ouest canadien.
Aperçu du rôle de la RCMP dans le mouvement de répression pendant la guerre et la grève générale de Winnipeg.
Chap. 3 : «War, Workers and Strikes», p. 33-49.

BUCK, Tim, *Canada and the Russian Revolution, The Impact of the World's First Socialist Revolution on Labor and Politics in Canada*, Toronto, Progress Books, 1967, 98 p.

QMG, QMU, QMMc, QMUQ.
1914-1921.
Canada.
Appréciation de l'impact de la première guerre mondiale et de la révolution russe sur le mouvement ouvrier au Canada.
Tim Buck fut militant du Parti communiste du Canada de 1921 à sa mort en 1973.

– *Lenin and Canada, His Influence on Canadian Political Life* with appendix of articles and an address by the author, Toronto, Progress Books, 1970, 133 p.

QMG, QMBM, QMUQ, QMMc.
Début du XXe siècle à 1919.
Canada.
Appréciation du mouvement ouvrier, des partis socialistes (Parti socialiste du Canada, Parti social-démocrate et Parti socialiste d'Amérique du Nord) avant la fondation du

Workers Party (1921).
Chap. 1 : «The Canadian Labor Movement Before the Great October Revolution», p. 7-18.

BUCK, Tim, *Thirty Years, 1922-1952, The Story of the Communist Movement in Canada*, Toronto, Progress Books, 1952, 224 p.

QMG, QMU.
Canada.
Seule l'introduction nous intéresse pour l'étude de la période 1898-1919.
Cf. le commentaire précédent.

— *1917-1957, Forty Years of Great Change ; Canada and the Great Russian Revolution*, Toronto, Progress Books, 1957, 44 p.

QMMc.
1917-1957.
Canada.
Analyse des réactions de la presse bourgeoise face à la révolution russe, de la répression anticommuniste, de l'enthousiasme des ouvriers radicaux et de l'organisation des fermiers.

CAHAN, Jacqueline Flint, *A Survey of the Political Activities of the Ontario Labour Movement, 1850-1935*, Toronto, University of Toronto, thèse de Ph. D., 1945.

Ontario.
Les chapitres 2 et 3 traitent des partis travaillistes et socialistes ainsi que de l'impact de la guerre sur ces partis.

CANADA, MINISTÈRE DU TRAVAIL, *Information Respecting the Russian Soviet System and its Propaganda in North America*, Ottawa, Imprimeur du roi, 1920, 18 p.

QMBN.
1919-1920.
URSS Et Canada.
Tableau rapide de la situation de la Russie après la révolution, quelques pages sur la propagande socialiste au Canada, sur les organisations qui en ont l'initiative, et documents sur la One Big Union.

— *Croissance du syndicalisme au Canada, 1921-1967*, Ottawa, 1970, 106 p.

— [Economics and Research Branch], *Labour Organization in Canada* (annuel), Ottawa, Imprimeur du roi, 1911 +.

Canada.
Donne des statistiques sur les syndicats et les centrales syndicales, comporte des éléments historiques ainsi que les prises de position des centrales canadiennes.

— *Official Report of Proceedings and Discussions of the National Industrial Conference*, Ottawa, 17-24 septembre 1919, Ottawa, Imprimeur du roi, 1919, 234 p.

— *Royal Commission on Cotton Factories Industrial Disputes, 1909*, dans CANADA, *Report on the Department of Labour, 1909-1910*, Sessional Papers, Ottawa, Imprimeur du roi, 1910, p. 116-129.

— *Report on Strikes and Lockouts in Canada, from 1901-1912*, Ottawa, Ministère du Travail, 1913, 279 p.

— *Report on Strikes and Lockouts in Canada, 1901-1916*, Ottawa, Ministère du Travail, 1918, 138 p.

— *Grèves et lock-out au Canada, 1901-1954*, Ottawa, Ministère du Travail, 1954.

CANADA, *Royal Commission on Industrial Relations, Report of Commission Appointed under Order-in-Council (PC-670) to Inquire into Industrial Relations in Canada together with a Minority Report and Supplementary Report*, Ottawa, Imprimeur du roi, 1919, 28 p.

CHARPENTIER, Alfred, *Cinquante ans d'action syndicale (Mémoires)*, Québec, PUL, 1971, 540 p.

1907-1921 (p. 5-63).
Québec.
L'auteur retrace son évolution personnelle du syndicalisme international au syndicalisme catholique.
Alfred Charpentier fut président de la CTCC de 1935 à 1946.

CHARPENTIER, Alfred, *Montée triomphale de la CTCC, Historique de la Confédération des travailleurs catholiques du Canada Inc., de 1921 à 1951,* Montréal, Thérien et Frères, 1951, 127 p.

QMU, QMUQ, QMBM.
1900-1951.
Québec.
L'auteur retrace dans les premiers chapitres les événements qui donnèrent lieu en 1921 à la fondation de la CTCC. Très bref regard sur les syndicats internationaux.

    —   «le Mouvement politique ouvrier de Montréal (1883-1929)», *Relations industrielles,* vol. 10, n° 2, mars 1955, p. 74-93.

1883-1929.
Montréal.
Rétrospective de l'action politique ouvrière à Montréal, basée principalement sur l'expérience personnelle de l'auteur.

CHERWINSKI, Walter J. C., *Organized Labour in Saskatchewan ; the TLC Years, 1905- 1945,* thèse de Ph. D., University of Alberta, 1972, VIII et 392 p.

    —   *The Formative Years of the Trade Union Movement,* thèse de M. A., University of Saskatchewan, 1966.

CHISICK, Ernie, *The Development of Winnipeg's Socialist Movement, 1900 to 1915,* thèse de M. A., University of Manitoba, 1972, 154 p.

COATS, R. H., «The Labour Movement in Canada», *Canada and its Provinces,* édité par Adam Shortt et A. C. Dougthy, Toronto, Glasgow, Brooke and Co., 1914-1917, vol. 9, p. 277-355.

1840-1914 (axé surtout sur la fin du XIXe siècle).
Canada (peu de chose sur le Québec).
Historique uniquement syndical du mouvement ouvrier contenant des informations sur la législation ouvrière.

CONTI, R., *les Relations syndicales canado-américaines,* thèse de M. A. (R. I.), Université de Montréal, 1959, 165 p.

COPP, J. T., *The Anatomy of Poverty, The Condition of the Working Class in Montreal, 1897-1929,* Toronto, McClelland and Stewart, 1974, 192 p.

1897-1920.
Montréal.
Traite de données sociologiques qui touchent la condition de la classe ouvrière (taux de natalité, revenu réel, etc.). Il décrit certains aspects de la vie des ouvriers à Montréal.

CRISPO, J. H. G., *International Unionism ; a Study in Canadian-American Relations,* Toronto, McGraw-Hill, 1967, VII et 327 p.

QMG, QMU, QMMc, QMHE.
1880-1967.
Canada-USA.
Comporte une histoire du syndicalisme international au Canada avec une analyse de la pénétration de l'AFL.
Analyse l'attitude du TLCC (CMTC) face à l'action politique.

    —   *The Role of International Unionism in Canada,* Washington, Can-Am Committee, 1967, 59 p.

QMG, QMU, QMMc, QMHE.
1820-1960.
Canada.
Bref historique des unions internationales et des relations entre les fédérations canadiennes et les centrales américaines.

CROSS, M. S., (édit.), *The Workingman in the Nineteenth Century,* Toronto, Oxford University Press, 1974, 316 p.

DE BONVILLE, Jean, *Jean-Baptiste Gagnepetit : les Travailleurs montréalais à la fin du XIXe siècle,* Montréal, Les Éditions de l'Aurore, 1975, 253 p.

DESPRÉS, J. P., *le Mouvement ouvrier canadien,* Montréal, Fidès, «Bibliothèque économique et sociale», 1946, 205 p.

> QMBM, QMBN, QMG, QMMc, QMUQ, QMU, QMHE.
> 1827-1946.
> Canada, place le Québec dans son contexte.
> Ouvrage thématique ; un thème sur l'action politique. Peu de chose sur 1900-1920. L'auteur donne ses considérations personnelles.
> Chap. 2 : «Esquisse historique du mouvement ouvrier».
> Chap. 4 : «Action politique et les syndicats ouvriers».

DESROSIERS, Richard F. et Denis HÉROUX, *le Travailleur québécois et le syndicalisme,* Montréal, PUQ, «Les Cahiers de l'Université du Québec», n° 31, 1973 ; 156 p.

> Québécois d'abord avec des données canadiennes et internationales. Touche principalement le XIXe siècle. Un seul chapitre touche la période 1900-1920. Une chronologie tant politique que syndicale.

DICK, William M., *Labor and Socialism in America : the Gompers Era,* thèse de Ph. D., Toronto, University of Toronto, 1966.

EASTERBROOK, W. T. et H. G. J. AITKEN, *Canadian Economic History,* Toronto, Macmillan, 1968, 606 p.

> Canada.
> 1827-1956.

FORSEY, E., *British Trade Unions in Canada, 1853-1924,* communication présentée à la Société historique du Canada, 1973, 22 p.

> Canada.
> 1853-1924.
> Retrace l'évolution de l'Amalgamated Society of Engineers et de l'Amalgamated Society of Carpenters and Joiners.

— «Historique du syndicalisme ouvrier au Canada», *Annuaire du Canada 1967,* Ottawa, Imprimeur de la reine, 1967, p. 835-846.

> Toute la période du syndicalisme au Canada.
> Canada.
> Historique des centrales syndicales canadiennes et de leur action politique.

— «History of the Labour Movement in Canada», *The Canadian Economy : Selected Readings,* édité par J. Deutsch, B. S. Keirstead *et al.,* Toronto, Macmillan, 1961, p. 272-285.

> Toute la période du syndicalisme au Canada.
> Canada.
> Historique des centrales syndicales canadiennes et de leur action politique.

FOSTER, John, *Class Struggle and the Industrial Revolution,* London, Weidenfeld and Nicolson, 1974, 346 p.

FOX, Paul W., «Early Socialism in Canada», dans J. H. AITCHESON (édit.), *The Political Process in Canada ; Essays in Honour of R. MacGregor Dawson,* Toronto, University of Toronto Press, 1963, p. 79-98.

> 1894-1921.
> Canada et plus spécifiquement le Canada anglais.
> Rétrospective du mouvement socialiste au Canada ; ses influences étrangères, son évolution, ses organisations.

FRENCH, Doris, *Faith, Sweat and Politics, the Early Trade Union Years in Canada,* Toronto, McClelland and Stewart, 1962, 154 p.

1867-1905.
Canada.
Histoire du mouvement syndical à partir de ses principaux leaders.

GRANTHAM, R., *Some Aspects of the Socialist Movement in British Columbia 1898-1933,* thèse de M. A. (histoire), University of British Columbia, 1942.

GODIN, Pierre, *l'Information-Opium,* Montréal, Parti pris, «Aspects», n° 19, 1973.

Montréal.
1899-1903.
Historique politique du journal *la Presse.* Il traite du type d'information contenu dans ce quotidien.
P. 46-48 : analyse du rôle de *la Presse* dans la création du Parti ouvrier en 1899 et de la grève des tramways en 1903.

GREENING, W. E. et M. MacLEAN, *It Was Never Easy, 1908-1958, A History of the Canadian Brotherhood of Railway, Transport and General Workers,* Ottawa, Mutual Press, 1961, 414 p.

QMMc, QMU, QMG, QMBM, OOL.
Canada.
1908-1958.
Historique du syndicat. Les deux premiers chapitres seulement se rapportent à la période 1900-1920.

GREENING, W. E., *Paper Makers in Canada : a History of the Paper Makers Union in Canada,* Cornwall, International Brotherhood of Paper Makers, 1952, 96 p.

QMMc, QMMSC, QMHE.
Début du XXe siècle à 1950.
Canada et Québec.
Historique du syndicat et des difficultés de son implantation au Québec en rapport avec l'évolution de l'industrie des pâtes et papiers au Canada.

GUISE, J.-G. de, *Monographie historique du Conseil central des syndicats nationaux de Montréal de 1920 à 1955,* thèse de M. A. (R. I.), Université de Montréal, 1962, 160 p.

HAMELIN, Jean, Paul LAROCQUE et Jacques ROUILLARD, *Répertoire des grèves dans la province de Québec au XIXe siècle,* Montréal, Les Presses de l'École des Hautes Études commerciales, 1970, 168 p.

HAMELIN, J., «Médéric Lanctôt», dans *Dictionnaire biographique du Canada,* Québec, PUL, tome X, p. 461-466.

HARDY, Louis-Laurent, *Brève Histoire du syndicalisme ouvrier au Canada,* Montréal, L'Hexagone, 1958, 152 p.

Canada.
1827-1956.
Purement syndical.

HARVEY, Fernand (édit.), *Aspects historiques du mouvement ouvrier au Québec,* Montréal, Éditions du Boréal-Express, 1973, 226 p.

Article original de l'auteur sur les Chevaliers du travail au Québec, 1882-1902, p. 33-118. Tableau de l'évolution historique des centrales syndicales au Canada et au Québec, p. 227.

HOFFMANN, J.-B., *Farmer-Labor Government in Ontario, 1919-1923,* thèse de maîtrise, University of Toronto, 1959.

HOPKINS, J. C., «Organized Labour in Canada», dans *Canadian Annual Review of Public Affairs, Toronto, 1919, p. 447-519.*

QMMc, QMG, QMBM.
Canada.
1919.
Revue des événements marquants de l'année : OBU, grève générale de Winnipeg, etc.

HORN, Michiel et Ronald SABOURIN, *Studies in Canadian Social History*, Toronto, McClelland and Stewart, 1974, 480 p.

HOWARD, R. et J. SCOTT, «International Unions and the Ideology of Class Collaboration», dans G. TEEPLE (édit.), *Capitalism and the National Question in Canada*, Toronto, University of Toronto Press, 1972.

Canada.
1900-1925.
Analyse de l'évolution de la mainmise de la FAT (AFL) sur le mouvement canadien.

ISBESTER, Alexander Fraser, *A History of the National Catholic Unions in Canada, 1901-1965*, thèse de Ph. D., Ithaca, Cornell University, 1968, 367 p.

JAMIESON, Stuart Marshall, *Times of Trouble : Labour Unrest and Industrial Conflict in Canada, 1900-1966*, Ottawa, Task Force on Labour Relations, étude n° 22, Information Canada, 1972, 542 p.

1900-1966.
Canada.
Les chapitres 2 et 3 nous intéressent plus spécifiquement (1900-1913 et 1913-1920). L'auteur y traite des principales activités du mouvement ouvrier au Canada durant cette période. Il analyse les principales grèves, les secteurs les plus touchés. Il aborde aussi l'attitude du gouvernement et du parlement.

KEALY, G. S., *Hogtown : Working Class Toronto at the Turn of the Century*, Toronto, New Hogtown Press, 1974, 30 p.

KENNEDY, D. R., *The Knights of Labor in Canada*, thèse de M. A. (histoire), London, University of Western Ontario, 1945, 143 p.

– *The Knights of Labor in Canada*, London, University of Western Ontario, 1956, 127 p.

KUCZYNSKI, Jurgen, *The Rise of the Working Class*, New York et Toronto, McGraw-Hill, 1967, 256 p.

LAFLEUR, Normand, *la Drave en Mauricie*, Trois-Rivières, Éditions du bien public, 1970, 174 p.

– *la Vie traditionnelle du coureur de bois aux XIXe et XXe siècles*, Montréal, Leméac, 1973, 305 p.

LANGDON, Steven, «The Emergence of the Canadian Working Class Movement», *REC/JCS*, vol. 8 n° 2, mai 1973, p. 3-13.

LATHAM, Allan B., *The Catholic and National Labour Unions of Canada*, Toronto, Macmillan, 1930, 104 p.

QMMc, QMG, QMBM, OOL, QMHE.
1827-1929.
Canada et surtout le Québec.
Exposé de la doctrine sociale de l'Église et histoire des mouvements syndicaux du Québec et du Canada (FCT) mis en opposition avec le syndicalisme international.

– *The Catholic and National Labour Unions of Canada*, thèse de M. A., McGill University, Montréal, 1927, 147 p.

QMAC.

LARIVIÈRE, Claude, Cécile GÉLINAS et Gilles JALBERT, *Histoire des travailleurs de Beauharnois et Valleyfield*, Montréal, Les Éditions Albert Saint-Martin, 1974, 44 p.

LEBLANC, André E., *The Labour Movement Seen through the Pages of Montreal's le Monde ouvrier/The Labor World, 1916-1926*, thèse de D. E. S., Université de Montréal, Montréal, 1971, 309 p.

QMU.
1916-1926.
Québec.
Comporte un inventaire de la presse ouvrière du Québec de 1886 à 1971 et un index des sujets traités dans *le Monde ouvrier*.

LEFEBVRE, Jean-Paul, *la Lutte ouvrière*, Montréal, Les Éditions de l'Homme, 1960, 92 p.

LEVITT, Joseph, *Henri Bourassa and the Golden Calf. The Social Program of the Nationalists of Quebec, 1900-1914*, Ottawa, University of Ottawa Press, Cahier d'histoire n° 3, 1969, 178 p.

    QMMc, QMMSC, QMUQ.
    1900-1914.
    Québec.
    Le chapitre 9 intitulé «Labour and Social Problems» relate la position des nationalistes québécois face aux diverses tendances du mouvement ouvrier politique et syndical et leur choix du syndicalisme catholique.

LIPTON, Charles, *The Trade Union Movement of Canada, 1827, 1959*, Montréal, Canadian Social Publications, 1966, 366 p.

    QMMc, QMMSC, QMBM, QMUQ.
    1827-1959.
    Canada surtout et Québec.
    Histoire du mouvement syndical canadien. Quelques données sur l'action politique.

— «Canadian Labour and Peace : Some Historical Notes», dans *Marxist Quarterly*, n° 5, 1963.

    QMMSC, QMU.
    1914-1939.
    Canada.
    Exposé des sentiments anticonscriptionnistes et antimilitaristes ouvriers et de la capitulation de l'exécutif du CMTC devant les sommations de la FAT.

LOGAN, Harold A., *The History of Trade-Union Organization in Canada*, Chicago, University of Chicago Press, 1923, 427 p.

    QMMc, QMMSC, QMU, OOL.
    1825-1925.
    Canada.
    Analyse de l'évolution historique du mouvement syndical canadien, de ses rivalités et de ses idéologies diverses.

— *Trade Unions in Canada, Their Development and Functioning*, Toronto, Macmillan, 1948, 619 p.

    QMMc, QMMSC, QMUQ, QMU, QMBN, QMHE.
    1825-1945.
    Canada.
    Histoire par thème et par organisation du mouvement syndical canadien. Fait part de l'action politique des syndicats et des centrales syndicales.

— «Federation of Catholic Workers of Canada», dans *Journal of Political Economy*, vol. 35, n° 5, octobre 1927, p. 684-702 ; n° 6, décembre 1927, p. 804-835.

    QMUQ, QMMSC, QMBM, QMHE.
    1900-1926.
    Québec.
    Rappel historique de l'origine des syndicats catholiques, de leur idéologie, de leurs structures et de leur pratique économique.

— «Rise and Decline of the One Big Union in Canada», dans *Journal of Political Economy*, vol. 36, n° 2, avril 1928, p. 240-279.

    QMBM, QMHE.
    1916-1923.
    Ouest canadien.
    Analyse des origines de l'OBU, de son évolution et de ses rapports avec le CMTC et le Parti communiste du Canada.

LOOSEMORE, Thomas R., *The British Columbia Labour Movement and Political Action, 1879-1906*, thèse de M. A., University of British Columbia, 1954.

LORTIE, Stanislas-Alfred, «Compositeur typographe de Québec en 1903», dans *Paysans et ouvriers québécois d'autrefois,* reproduits des *Ouvriers des Deux Mondes* avec une introduction de Pierre Savard, Québec, Les Presses de l'Université Laval, 1968.

MAGDER, Béatrice, «The Winnipeg General Strike», dans *Canadian Issues,* Toronto, 1969, 49 p.

    QMMc.
    1919.
    Winnipeg.
    Chronique détaillée des événements de la grève faite à partir de récits de contemporains.

MALLOY, Patricia, *Alphonse Verville, Labour M. P., 1906-1921, and Trades and Labour Congress President, 1904-1909 : the Significance of His Career for the Canadian Labour Movement,* thèse de M. A., Ottawa, University of Ottawa, 1969.

MALTAIS, Ludovic, *les Syndicats catholiques canadiens, étude socio-économique,* thèse de doctorat, Washington, Catholic University of America, 1925, 145 p.

    QMMc, QMCSN.
    1907-1924.
    Québec.
    Histoire du mouvement syndical catholique du Québec par localité et exposé de ses problèmes de développement.

MARTIN, Jacques, *les Chevaliers du travail et le syndicalisme international à Montréal,* thèse de M. A., Montréal, Université de Montréal, 1965, 140 p.

    QMU.
    1885-1902.
    Québec.
    Analyse historique de la structure, de l'idéologie et des modes d'actions des Chevaliers du travail.
    Insistance sur l'opposition avec les syndicats internationaux et notamment sur la scission de 1902.

MASTERS, D. C., *The Winnipeg General Strike,* Toronto, University of Toronto Press, 1950.

    QMU, QMMc, QMHE.
    1913-1921.
    Ouest canadien.
    Historique des événements de la grève comportant un rappel de la situation du mouvement ouvrier dans l'Ouest et une analyse du rôle joué par l'OBU ainsi que par les autres organisations politiques et syndicales.

MASTERS, Jane E., *Canadian Labour Press Opinion, 1890-1914. A Study in Theorical Radicalism and Political Conservatism,* thèse de M. A., London, University of Western Ontario, 1970, 186 p.

McNAUGHT, Kenneth et David J. BERCUSON, *The Winnipeg Strike : 1919,* Toronto, Longman, 1974, 126 p.

MÉTIN, Albert, *Délégation ouvrière française aux États-Unis et au Canada, Rapport des délégués...,* Paris, Éd. Cornely, 1907, 300 p.

    OOL.
    Le deuxième rapport intitulé : «le Travail au Canada», (p. 33-63) consiste en une analyse de la condition socio-économique des travailleurs canadiens et de la législation ouvrière canadienne. S'y trouve également un historique du mouvement ouvrier canadien et des influences extérieures qui ont agi sur lui. Quelques documents.

MONTAGUE, J. T., «Croissance du syndicalisme ouvrier au Canada, 1900-1950», dans *Labour Gazette,* vol. 50, nᵒ 9, septembre 1950, p. 1380-1392.

    QMU, QMUQ, QMMc, QMBN.
    1830-1950.
    Canada.
    Relevé des organisations syndicales au Canada.
    Quelques statistiques.

MOORE, Tom, «Historical Review of the Trades and Labour Congress», dans *The Canadian Congress Journal*, vol. 4, n° 8, août 1925, p. 9-13.

QMMc, OOL.
1873-1925.
Canada.
Ce président du CMTC fait un historique de son organisation à partir des congrès marquants.

MOYNIHAN, D. P., «The Washington Conference of the International Labor Organization», *Labor History*, automne 1962, p. 307-334.

1919.
Washington.
L'auteur traite de l'organisation de la conférence, de l'admission de l'Allemagne et de l'Autriche, des principales interventions et des résultats de la conférence.

ORR, A. D., *The Western Federation of Miners and the Royal Commission on Industrial Disputes in 1903*, thèse de M. A., University of British Columbia, Vancouver, 1967.

PENNER, Norman (édit.), *Winnipeg 1919 : the Strikers' Own History of the Winnipeg General Strike*, Toronto, James, Lewis and Samuel, 1973, 294 p.

PENTON, Edward M., *Cotton's Weekly and the Canadian Socialist Revolution, 1909-1914*, thèse de M. A., Ottawa, University of Ottawa, 1971.

PEOPLE'S HISTORY, *The People's History of Cape Breton*, Halifax, 1971, 47 p.

PHILLIPS, Paul A., *No Power Greater : a Century of Labour in British Columbia*, Vancouver, B. C. Federation of Labour, Boag Foundation, 1967, 189 p.

QMML, QMMSC.
1859-1965.
Colombie britannique.
Les chapitres 3, 4 et 5 qui sont pertinents pour la période 1894-1920 font l'historique des mouvements ouvrier et socialiste dans cette province.
Analyse intéressante des influences extérieures (américaines surtout).

ROBIN, Martin, «Determinants of Radical Labour and Socialist Politics in English-Speaking Canada between 1880-1930», *REC/JCS*, vol. 2, n° 2, mai 1967, p. 27-39.

1880-1930.
Canada et Québec.
Analyse de la faible participation des travailleurs canadiens aux mouvements politiques radicaux à partir de critères sociologiques (ethnie, statut social, etc.).

—   *Radical Politics and Canadian Labour, 1880-1930*, Kingston, Queen's University, Industrial Relations Centre, 1968, 321 p.

1880-1930.
Canada anglais.
Analyse de l'interaction du mouvement syndical et du mouvement politique et des formes de cette liaison : travaillisme, socialisme et syndicalisme.
L'aspect politique y est dominant.

—   «Registration, Conscription and Independent Labor Politics, 1916-1917», *CHR*, vol. 47, n° 2, juin 1966, p. 101-118.

1916-1917.
Canada.
Analyse de la résistance du mouvement syndical canadien à la conscription et de la recrudescence de l'action politique, réformiste dans l'Est, radicale dans l'Ouest canadien.

—   «The Trades and Labour Congress of Canada and Political Action ; 1898-1908», *RI*, vol. 22, n° 2, avril 1967, p. 187-214.

1898-1908.
Canada.
Analyse de l'affrontement du socialisme et du travaillisme dans le CMTC (TLCC), au chapitre de l'action politique.

RODNEY, William, *Soldiers of the International, A History of the Communist Party of Canada, 1919-1929,* Toronto, University of Toronto Press, 1968, 204 p.

QMMc, QMG, QMUQ, QMU.
1919-1929.
Canada.
Analyse de la naissance du PCC (CPC), des causes de son développement restreint, de ses positions sur les grands problèmes. Description détaillée de la vie tant interne qu'externe du parti. Notices biographiques et bibliographiques intéressantes.

ROUILLARD, Jacques, «l'Action politique ouvrière, 1899-1915», dans F. Dumont *et al., Idéologies au Canada français, 1900-1929,* Québec, PUL, 1974, p. 267-312.

1899-1915.
Québec.
Historique du parti ouvrier et du mouvement socialiste à Montréal.

—   *les Travailleurs du coton au Québec, 1900-1915,* Montréal, Les Presses de l'Université du Québec, 1974, 152 p.

—   *les Syndicats nationaux au Québec, 1900-1930,* thèse de doctorat en histoire, Université d'Ottawa, 1975.

OUO.

ROUNTREE, G. dans Léonard Marsh (éd.), *The Railway Worker ; a Study of the Employment and Unemployment Problems of the Canadian Railway,* Toronto, Oxford University Press, 1936, 364 pages. Canada. 1920-1935. Retrace les affiliations diverses des syndicats du rail depuis leur fondation. Bibliographie complète et spécialisée.

RYERSON, Stanley-Bréhaut, *le Capitalisme et la Confédération :   aux sources du conflit Canada/Québec (1760-1873),* version refondue, corrigée et augmentée de *Unequal Union,* traduit de l'anglais par André d'Allemagne, Montréal, Éditions Parti pris, 1972, 549 p.

En particulier les chapitres 10 : «les Maîtres et leurs hommes» ; 20 : «les Classes et la nation» ; les appendices, II : «Cheap Labour 1856».

—   «Szalatnay, Marc», dans *Dictionnaire biographique du Canada,* Québec, Les Presses de l'Université Laval, tome X.

—   «la Pensée de Marx au Canada», *Cité libre,* avril 1965, p. 17-22.

—   *le Canada français, sa tradition, son avenir,* Montréal, Éditions de la victoire, 1945, 149 p.

SAYWELL, John Tupper, «Labour and Socialism in British Columbia : a Survey of Historical Development before 1903», *British Columbia Historical Quarterly,* vol. 25, n° 3-4, 1951, p. 129-150.

QMMc.
1860-1903.
Colombie britannique.
Historique des débuts des mouvements syndicaux et socialistes reposant sur une étude de la conjoncture économique.

SCHMIDT, E. P., *The Organization of Labour in Canada,* thèse de M. A. (sciences économiques), Toronto, University of Toronto, 1924, 177 p.

SCOTT, Jack, *Sweat and Struggle : Working Class Struggles in Canada,* Vancouver, New Star Books, 1974, 209 p.

SCOTTON, C. A., *A Brief History of Canadian Labor,* Ottawa, Woodsworth House Publisher, 1956, 35 p.

QMG.

—   *Canadian Labor in Politics, a Short History of the Development of the Canadian Labor Movement and its Relationship,* Ottawa, Canadian Labor Congress, Political Action Department, 1967, 40 p.

OOA, QMG.
1900-1965.
Canada.
Relate le rôle du CMTC et du CTC sur la scène politique canadienne.

SCOTTON, C. A., *le Syndicalisme canadien et la politique,* Ottawa, publication du service d'information politique du CTC, s. d., 40 p.

OOA.
Même commentaire que le précédent.

STEVENS, F. G., *History of Radical Political Movements in Essex County and Windsor, Ontario, 1917-1945,* thèse de M. A., London, Western Ontario University, 1948.

OOA.

TÊTU, Michel, «Les Congrès qui décidèrent de la fondation de la CTCC», *RI,* vol. 18, n° 2, avril 1963, p. 197-214.

1918-1920.
Québec.
Historique des congrès de Trois-Rivières, Québec et Chicoutimi.

—   «la Fédération ouvrière mutuelle du Nord», *RI,* vol. 17, n° 4, octobre 1962, p. 402-421.

1903-1923.
Québec.
Historique de la fondation des syndicats catholiques dans la région de Chicoutimi, leurs résolutions, l'influence prépondérante de Mgr Lapointe et leur intégration à la CTCC.

—   *les Premiers Syndicats catholiques canadiens 1900-1921,* thèse de doctorat, Québec, Université Laval, 1961, 562 p.

TLCC, «An Historical Review, 1873-1949», Ottawa, TLCC, Department of Public Relations and Research, s. d., 20 p.

OOL.
1873-1949.
Canada.
Bref historique du TLCC avec des documents officiels.

THWAITES, J. D., *The International Association of Machinists in Canada, to 1919,* thèse de M. A., Carleton University, Ottawa, 1966.

TOZZI, Ralph, *les Progrès du syndicalisme ouvrier au Canada depuis le début du XXe siècle,* thèse de licence (sciences commerciales), Montréal, HEC, Université de Montréal, 1950, 50 p.

TROOP, George R. F., *Socialism in Canada,* thèse de M. A. (sciences économiques), Montréal, McGill University, 1922, 121 p.

1890-1921.
Canada.
Analyse du mouvement socialiste au Canada ; ses organisateurs, ses prises de position face à la conscription, la guerre et la grève générale de Winnipeg.

VENNAT: Pierre, «Il y a plus de 70 ans, le premier parti ouvrier du Québec était fondé à *la Presse*», *la Presse,* 11 mars 1970, p. 108.

1899-1900.
Québec.
L'auteur tente de démontrer le caractère ouvrier du journal à cette époque. Il mentionne la fondation du Parti ouvrier qui ne durera que quelques mois.

WILLIAMS, C. B., *Canadian-American Trade Union Relations ; a Study of the Development of Binational Unionism,* thèse, Cornell University, 1964, 488 p.

OOL, QMG.
1867-1945.
Canada.

Analyse les relations syndicales canado-américaines par industrie. L'auteur traite aussi des syndicats nationaux. L'étude de la période 1900-1920 est relativement importante. Bibliographie intéressante.

WILLIAMS, C. B., «Development of Relations Between Canadian and American National Trade-Union Centers ; 1886-1925», *RI*, vol. 20, n° 2, avril 1965, p. 341-371.
1871-1927, Canada.
L'auteur traite de l'ingérence de l'AFL dans le CMTC, des congrès marquant des progrès pour l'AFL, et des syndicats canadiens.

WILLIAMS, Jack, *The Story of Unions in Canada*, Toronto, Dent, 1975, 252 p.

3. DOCUMENTS

3.1. Organisations ouvrières politiques

COMMUNIST PARTY OF CANADA, *Programme of the Communist Party of Canada* (1919).
OOL.
Programme établi au début de 1919 par le premier exécutif aussitôt dispersé.

DEFENSE COMMITTEE OF THE WINNIPEG GENERAL STRIKE, Winnipeg, 1919-1920, 2 vol.
QMML.
1919-1920.
Winnipeg.
Recueil de huit brochures du Comité de défense des chefs de la grève de Winnipeg.

DEFENSE COMMITTEE OF THE WINNIPEG GENERAL STRIKE, *The Winnipeg General Sympathic Strike, May-June 1919. Strikes, arrests, trials, penitentiary*, Manitoba, 1919, 276 p.
QMMc.
Chronique extrêmement détaillée des événements précédant immédiatement la grève de Winnipeg et de la grève elle-même. Renseignements intéressants sur les leaders.

FILLMORE, R. A., «Strikes and Socialism in Eastern Canada», *International Socialist Review*, vol. 10, avril 1910 ; vol. 11, mai 1910.
QMUQ, QMMSC.
1910.
Nouvelle-Écosse.
L'auteur fut membre du Parti socialiste puis du PCC.
Traite de l'organisation ouvrière syndicale et en particulier de la grève à la Dominion Coal Company.

KOLINSNYK, W. N., «In Canada since the Spring of 1898», *Marxist Review*, janvier-février 1961.

PARTI OUVRIER, *Demande d'admission*, s. l. n. d.
MOP.
Programme.

PARTI OUVRIER DU CANADA, *Constitutions et règlements*, Montréal, Mercantile Printing (1920 ?), 30 p.

SAINT-MARTIN, Albert, *T'as menti*, publié par la section de langue française du Parti socialiste du Canada, 1920, 39 p.
QMMc, QMBN.
L'auteur est membre du parti.
Réfutation catégorique des erreurs et mensonges contenus dans la presse capitaliste à propos de la révolution russe et de l'intervention alliée en Russie.

VALJEAN II, Jean, *la Cherté de la vie, Problèmes économiques et sociaux*, Montréal, novembre 1913, 43 p.
QMBM, QMMc.
Analyse de la société capitaliste. Plaidoyer en faveur de la société socialiste.

WRIGLEY, C. Weston, «Socialism in Canada», *International Socialist Review,* vol. 1, 1900-1901, p. 685-689.

QMUQ, QMMSC.
1837-1900.
Canada.
Rétrospective de l'activité socialiste canadienne à partir des organisations, des journaux et des élections.

– «Another Red Spot on the Socialist Map», *International Socialist Review,* vol. 4, 1903-1904, p. 398-403.

QMUQ, QMMSC.
1901-1904.
Colombie britannique.
Rétrospective de l'organisation socialiste en Colombie britannique, de la victoire à l'élection provinciale en 1902 et de l'impact de cette victoire dans tout le Canada. Donne la plate-forme du Parti socialiste en Colombie britannique.

3.2. Organisations syndicales

3.2.1. Internationales

AINEY, Joseph, *Canadian Labour and Conscription,* Montréal, 5 juillet 1917, 3 p., dans H. Bourassa, *The Case against Conscription,* Montréal, le Devoir, 1917.

QMBM.

ANONYME, *Où sont nos amis ?,* Appel d'un chef ouvrier, ancien membre au Congrès des métiers et du travail et d'un ex-secrétaire du Conseil central des métiers et du travail de Québec, s. l., 1900, 32 p.

QMMc.
Appréciation du travail fait pour les ouvriers par les partis traditionnels fédéraux avant 1900. Prises de position en faveur du Parti libéral et de Laurier.

CONGRÈS DES MÉTIERS ET DU TRAVAIL DU CANADA, *T. L. C. Official Year Book,* Toronto, 1901.

OOL.

CONSEIL DES MÉTIERS ET DU TRAVAIL DE MONTRÉAL, *le Seul Programme officiel,* Fête du travail, Montréal, 1910.

QMBN.
Programme des festivités et liste des participants.

FRANCQ, Gustave, «Bolshevism or Trade Unionism – Which ?», Montréal, *The Montreal Labor World,* 1919, 31 p.

QMMc, QMHE.
L'auteur est délégué du CMTM au PO et éditeur du *Monde ouvrier.*
Réquisitoire contre la dictature bolchévique en Russie.

GOMPERS, Samuel, *American Labor and the War,* New York, George H. Doran, 1919, 390 p.

QMHE.
Recueil des discours de Gompers pendant la guerre dont ceux faits au Canada.

IWW, *The Founding Convention of the IWW. Proceedings,* New York, Merritt Publishers, 1969, 66 p.

OOL.
Congrès du 27 juin au 8 juillet 1905 à Chicago.

SOCIÉTÉ FÉDÉRÉE DES TRAVAILLEURS DE QUÉBEC ET DU DISTRICT DE LÉVIS, *Constitution and General Laws of the Quebec and District Federation Society of Workmen,* Québec, The Telegraph Printing Co., 1919, 45 p.

QQLA.

3.2.2. Nationales

3.2.2.1. pancanadiennes

CANADIAN FEDERATION OF LABOUR, *Canadian Federation of Labour Convention. Proceedings,* 1909-1917.

OOL.
Centrale nationale canadienne qui succède au Congrès national des métiers et du travail du Canada en 1908.

CONSEIL CENTRAL NATIONAL DU TRAVAIL, *Constitution et règlements du Conseil central national du travail du district de Québec incorporé,* juillet 1911, Québec, Action sociale limitée, 1915, 32 p.

QQCA.
Ce conseil rallie une vingtaine de syndicats indépendants qui ne se sont reliés à aucune fédération.

FÉDÉRATION CANADIENNE DU TRAVAIL (CANADIAN FEDERATION OF LABOUR), *Appel en faveur d'un organisateur salarié,* s. l., 1914, 1 p.

QQCA.

NATIONAL TRADES AND LABOR CONGRESS OF CANADA (CONGRÈS NATIONAL DES MÉTIERS ET DU TRAVAIL DU CANADA), *National Trades and Labour Conventions,* 1903-1908.

OOL.
Centrale nationale canadienne issue de la scission du CMTC en 1902.

ONE BIG UNION, *Minutes of the Convention,* 1920, Winnipeg, janvier 1920.

OOL.
Centrale canadienne issue de la scission au sein du CMTC en 1919 et constituée de syndicats nationaux regroupés sur une base industrielle.

WESTERN CANADA LABOR CONFERENCE, *Report of Proceedings,* Calgary, Alberta, 13, 14, 15 mars 1919, 198 p.

3.2.2.2. catholiques

CHARPENTIER, Alfred, *Dans les serres de l'aigle, historique de l'emprise du trade-unionisme américain sur le mouvement ouvrier du Canada,* Montréal, Bibliothèque de l'Action française, 1920.

QMU.
1881-1920.
Canada-Québec.

— *De l'internationalisme au nationalisme,* Montréal, École sociale populaire, 1920, 40 p.

QMU, QMBM.
1907-1920.
Québec.
Plaidoyer démontrant pour les travailleurs québécois la nécessité de syndicats tant nationaux que confessionnels.

DU LAC, Aubert (pseudonyme du rév. Maxime Fortin), *l'Œuvre d'une élite,* Québec, L'Action sociale catholique limitée, avril 1918, 36 p.

QMMc.
1907-1918.
Ville de Québec.
Bref historique des activités de l'Action sociale catholique, du Centre d'étude des ouvriers de Québec et de la confessionnalisation des syndicats nationaux canadiens de Québec.

GÉRIN-LAJOIE, Marie, *la Fédération nationale Saint-Jean-Baptiste et ses associations professionnelles,* Montréal, École sociale populaire, n° 5, 1911, 32 p.

QMBM, QMU.
1907.
Montréal.
L'auteur s'attache essentiellement aux organisations professionnelles féminines dont elle retrace la fondation, les activités et les buts. Le texte comporte en annexe la constitution de cette Fédération, section des dames.

HÉBERT, Edmour, *l'Église et l'organisation ouvrière,* Montréal, École sociale populaire, n° 41, 1915, 24 p.

QMBM, QMU.
1915.
Québec.
Long appel en faveur de la création de syndicats catholiques, les syndicats neutres étant dénoncés par l'auteur comme nécessairement anticatholiques.

— *le Socialisme,* Montréal, École sociale populaire, nᵒˢ 44-45, 1915, 32 p.

QMBM, QMU.
1915.
Québec.
Ce texte se veut à la fois une analyse et une réfutation des principes du socialisme, que l'auteur condamne comme utopie. Aucune référence n'y est faite à une organisation ou à une expérience précise.

HOGUE, Georges, *Appel aux ouvriers par un ouvrier,* Montréal, L'Œuvre des tracts, n° 16, s. d., 16 p.

QMU.
Québec.
Appel à l'organisation ouvrière catholique.

SAINT-PIERRE, Arthur, *la Fédération américaine du travail,* Montréal, École sociale populaire, n° 30, 1914, 31 p.

QMBM.
1910-1914.
Canada-États-Unis.
Analyse de la structure de la FAT, de son fonctionnement et de ses relations avec les partis politiques, à laquelle l'auteur joint une critique fondée sur des principes religieux et moraux.

— *la Question ouvrière au Canada,* Montréal, 1920, 63 p.

QMU.
1920.
Québec-Canada.
Plaidoyer en faveur du syndicalisme catholique appuyé sur l'analyse de la situation économique des ouvriers.

— *l'Organisation ouvrière dans la province de Québec,* Montréal, École sociale populaire, n° 2, 1911.

QMU.
1904-1911.
Québec.
Tableau de la situation et de l'organisation ouvrière tant syndicale que politique. L'auteur donne ses considérations personnelles et propose l'organisation par le syndicalisme catholique.

— *l'Utopie socialiste, réponse à Jean Valjean II,* Montréal, École sociale populaire, n° 38, 1914.

QMMc.
1914.
Dénonciation du socialisme appuyée sur l'échec de la tentative de colonisation socialiste au Paraguay.

SAINT-PIERRE, Arthur, *Questions et œuvres sociales de chez-nous,* Montréal, École sociale populaire, 1914. IIe partie : «Autour de la question ouvrière», p. 119-256.

> QMUQ.
> Canada.
> Ce livre rassemble une série d'allocutions et de textes parus entre 1912 et 1914. Tentative de confondre le CMTC avec des organisations socialistes canadiennes ; condamnation énergique de l'action politique à l'intérieur du CMTC.

3.3. Autres forces catholiques et sociales

ACTION SOCIALE CATHOLIQUE, *Statuts et règlements,* Québec, Imprimerie de l'Action sociale catholique, 1908.

> QMMc, QQCA.

– *Deux grèves de l'internationale aux chantiers Davie et à la Dominion Textile,* Québec, 1919, 30 p.

> QMBM, QMMc, QQCA.
> 1919.
> Ville de Québec.
> Reproduction d'articles parus dans *l'Action catholique* du 31 juillet au 23 août 1919. Violentes attaques contre les syndicats internationaux et appel en faveur de la mise sur pied de syndicats nationaux catholiques.

ARCHAMBAULT, Joseph P., *l'Église et l'organisation ouvrière,* Montréal, L'Œuvre des tracts, n° 8, 15 juillet 1919, 16 p.

> QMMc, QMU.
> 1919.
> Québec.
> Réponse à une attaque de la part des syndicats internationaux accusant le clergé catholique d'être hostile à l'organisation ouvrière.

– *Une digue contre le bolchévisme : les syndicats catholiques,* Montréal, Éditions de la vie nouvelle, 1919, 83 p.

> QMMc, QMU.
> Réunion de trois études déjà parues en 1911, 1913 et 1919, traitant respectivement :
> 1. de la réfutation de la théorie interconfessionnelle syndicale de Gustave Francq ;
> 2. de l'expérience des syndicats catholiques en Hollande ;
> 3. du développement des syndicats catholiques nationaux au Québec (1907-1919).

BOURASSA, Henri, *De l'association,* conférence donnée par H. Bourassa en 1898 et relatée par Joseph Levitt, «Henri Bourassa on Catholic Unionism», *Histoire sociale,* vol. 6, novembre 1970, p. 107-115.

> QMMc, QMBM, QMG.
> 1898.
> Québec.
> Plaidoyer en faveur des syndicats catholiques, comportant de nombreuses références aux syndicalismes français et britannique.

– *Syndicats nationaux ou internationaux ?,* Montréal, Le Devoir, 1919, 46 p.

> QMBM, QMUQ, QME.
> 1919.
> Québec.
> Dénonciation du caractère neutraliste et «matérialiste» des syndicats internationaux.

CAHAN, Charles H., *Socialist Propaganda in Canada, its Purposes and Resolutions,* Montréal, 1918.

CYR, Ernest, *les Classes ouvrières au Canada,* Provencher, 1907, 10 p.

> QQA.

DESGRANGES, Chanoine, *Conseils aux ouvriers catholiques à propos d'associations ouvrières*, Montréal, École sociale populaire, 1914.

> QMU.
> 1914.
> Québec.
> Fortement inspiré de la doctrine sociale de l'Église, ce texte vise à promouvoir la formation de syndicats catholiques.

MOURMANT, S. H., *Questions ouvrières et sociales*, 1918, 86 p.

> QQCA, QQST.

STANISLAS, H., *Questions ouvrières et sociales*, Lévis, Québec, 1918, 86 p.

> QMMc.
> 1918.
> Québec.
> Appel à l'harmonie capital-travail au sein des syndicats catholiques nationaux.

4. JOURNAUX

4.1. Québec

Inventaire de journaux ayant existé au Québec

BULLETIN DU TRAVAIL, Québec, novembre 1899 – août 1903.

> «Organe des intérêts temporels de l'artisan et du laboureur», il deviendra à partir de 1902 l'organe officiel du Congrès national des métiers et du travail du Canada.
> QQA, QQLA, 5 numéros.

COTTON'S WEEKLY, Cowansville, 3 décembre 1908 – décembre 1914, hebdo.

> Organe du Parti socialiste du Canada : décembre 1908 – mai 1911.
> Organe du Parti social-démocrate du Canada : janvier 1912 – 1914.
> OOL et OTU (au complet).
> Déménagé à Toronto à la fin de 1914, il porte désormais le nom de *Canadian Forward*.

LE MONDE OUVRIER / THE LABOR WORLD, Montréal, 18 mars 1916 – 1967.

> Organe du Conseil des métiers et du travail de Montréal : mars 1916 – 1938.
> Organe de la Fédération provinciale du travail du Québec : 1938 – 1957.
> Organe de la Fédération des travailleurs du Québec : 1957 – 1967.
> QMU et OOL (au complet).

LE PROGRÈS DU SAGUENAY, Chicoutimi, 18 août 1887 – ?

> Vers 1915, devient l'organe de la Fédération ouvrière mutuelle du Nord.
> QMU et QCHS (au complet).

LE TRAVAIL, Montréal, 14 décembre 1912 – février 1913.

> «Organe de la classe ouvrière» dont le programme est celui du Parti ouvrier.
> QMBN (quelques numéros de décembre 1912 à avril 1913).

LE TRAVAILLEUR, Québec, 4 avril 1912 – ?

> Organe des Ouvriers catholiques canadiens.
> QMBN (le premier numéro seulement).

LE TRAVAILLEUR / THE WORKER, Montréal, 1er mai 1915 – 15 décembre 1920.

Organe de l'Unité industrielle des campeurs et protecteurs de bois (OBU).

OOL (au complet).

L'OUVRIER, Montréal, mai 1908 – janvier 1909 (?).

Organe du Temple du travail de Montréal (CMTM).

QMBN (3 numéros), QQLA (fonds Charpentier).

VOX POPULI, Montréal, 15 décembre 1905 – 30 juillet 1906.

Organe du Conseil des métiers et du travail de Montréal.

QMBN (le premier numéro seulement).

Journaux ouvriers du Québec aujourd'hui introuvables

LE BIEN PUBLIC, Québec, 1915 – ?

Organe de la Corporation des ouvriers catholiques.

BULLETIN DU POC, Montréal (?), avril 1911 – ?

Organe du Parti ouvrier.

JUSTICE, Québec, avril 1916 – ?

Organe des Travailleurs syndiqués de Québec.
Publié sous la direction de J.-A. Paradis.

LE PROGRÈS OUVRIER, Montréal, février ou mars 1915 – ?

Organe de la Fédération des clubs ouvriers municipaux.

L'UNION OUVRIÈRE, Montréal, 31 décembre 1886 – ?

L'UNION OUVRIÈRE NATIONALE, Montréal, 11 août 1903 – ?

Publié sous l'égide des unions nationales, il appartient à M.-T. Beaupré, président de la Fédération canadienne des cordonniers.

L'UNIONISTE, Québec, 22 mai 1917 – ?

4.2. Canada

Journaux ayant eu un rapport avec le développement du mouvement ouvrier et socialiste au Québec. Les journaux sont présentés par provinces. Nous avons retracé dans certains cas l'histoire du journal en recherchant les changements de noms.

Alberta

EDMONTON FREE PRESS, Edmonton, avril 1919 – août 1920.

Organe officiel de l'Edmonton Trades and Labour Council.

OOL (au complet).

CALGARY HERALD, Calgary, 25 février 1919 – 22 avril 1919.

Organe des congrès de fondation de la ONE BIG UNION.

OOL (au complet).

THE SOVIET, Edmonton, 7 février 1919 – 15 août 1919.

Organe du Parti socialiste du Canada.

OOL et QMG (au complet).

Colombie britannique

BRITISH COLUMBIA FEDERATIONIST, cf. The Independent.

THE INDEPENDENT, Vancouver, avril 1902 – août 1904.

Endossé par le Vancouver Trades and Labour Council et le Vancouver Labour Party.

OOL (au complet).

The Independent a été suivi par le *Trades Unionist* aujourd'hui introuvable. Le *Trades Unionist* a été lui-même suivi par le *Western Wage Earner.*

OOL (février 1909 – janvier 1911).

Enfin le *Western Wage Earner* a été suivi par le *British Columbia Federationist* de novembre 1911 à juin 1925.

OOL ET QMG (au complet).

THE RED FLAG, Vancouver, 15 février 1919 – 4 octobre 1919.

Organe officiel du Parti socialiste du Canada.

OOL (au complet).

The Red Flag a été suivi par le *The Indicator* du 18 octobre au 7 décembre 1919.

OOL (au complet).

THE WESTERN CLARION, Vancouver, 1903, janvier 1905 – juillet 1925.

Organe officiel du Parti socialiste du Canada.

OOL (au complet).

The Western Clarion a été précédé successivement par le *Lardeau Eagle* publié à Ferguson par R. P. Pettipiece de 1900 à 1902 ; ce journal était alors l'organe du United Socialist Labour Party. En 1902, Pettipiece s'associe avec George Wrigley qui éditait depuis 1900 à Toronto le journal socialiste *Citizen and Country* pour ne publier à l'avenir à Vancouver qu'un seul organe socialiste pour tout le Canada, le *Canadian Socialist.* Après quelques mois d'existence, le *Canadian Socialist* devient le *Western Socialist* qui lui-même devient en 1903 le *Western Clarion* après que l'éditeur du *Clarion*, de Nanaimo, se soit associé avec Pettipiece. Mais le *Western Clarion* doit suspendre ses activités à la fin de 1903 pour ne les reprendre qu'en janvier 1905.

Manitoba

THE CONFEDERATE, Brandon, janvier 1919 – décembre 1920.

Organe officiel du Dominion Labour Party et du Brandon Trades and Labour Council.

OOL (au complet).

THE ENLIGHTENER, changement de nom temporaire du *Western Labour News.*

O.B.U. BULLETIN, Winnipeg, 12 août 1919 – 1934.

Organe officiel de la One Big Union.

OOL (au complet).

THE VOICE, Winnipeg, mai 1897 – mai 1918.

Organe du Winnipeg Trades and Labour Council.

OOL et QMG (au complet).

The Voice a été suivi par le *Western Labour News* du 17 mai 1919 à avril 1923.

OOL et QMG (au complet).

WESTERN LABOUR NEWS, cf. The Voice.

Nouveau-Brunswick

THE EASTERN LABOUR NEWS, Moncton, février 1909 – novembre 1913.

Endossé par le Moncton Trades and Labour Council, il contient des informations sur l'ensemble des Maritimes et même sur le Québec.

OOL (au complet).

Nouvelle-Écosse

CANADIAN LABOUR LEADER, Sydney, octobre 1912 – 1918.

    Endossé par le Sydney Trades and Labour Council.

    OOL (au complet).

    Est suivi par le *Labour Leader* à partirdu 11 janvier 1919.

    OOL (janvier – novembre 1919).

Ontario

CANADIAN LABOR PRESS, Montréal, février 1919 – 1963.

    Organe de l'Allied Trades and Labour Association of Ottawa.

    OOL (au complet).

THE INDUSTRIAL BANNER, London, novembre 1892 – 1912.

    Organe officiel du London Trades and Labour Council.
    Toronto. 1912-1920.
    Organe officiel de l'Independent Labour Party of Ontario à partir de l'été 1917.

    OOL (au complet).

THE LABOUR NEWS, Hamilton, janvier 1912 – 1965.

    OOL (au complet).

THE LANCE, Toronto, mai 1909 – mars 1915.

    Supporteur de la Fédération américaine du travail au Canada.

    OOL (au complet).

THE NEW DEMOCRACY, Hamilton, 22 mai 1919 – juillet 1923.

    Indépendant socialiste (pro OBU mais antibolchévique).

    OOL (au complet).

THE ONTARIO LABOUR NEWS, Toronto, mars – juillet 1919.

    Organe officiel de l'Ontario Provincial Council et de l'International Association of Machinists (socialiste et favorable à la grève de Winnipeg).

    OOL (1er mai – 1er juillet 1919).

Achevé d'imprimer
le 21 septembre 1976